T0246771

PIEDRAS
CON PODERES
MÁGICOS

PIEDRAS
CON PODERES
MÁGICOS

María José Hernández Varela

LIBSA

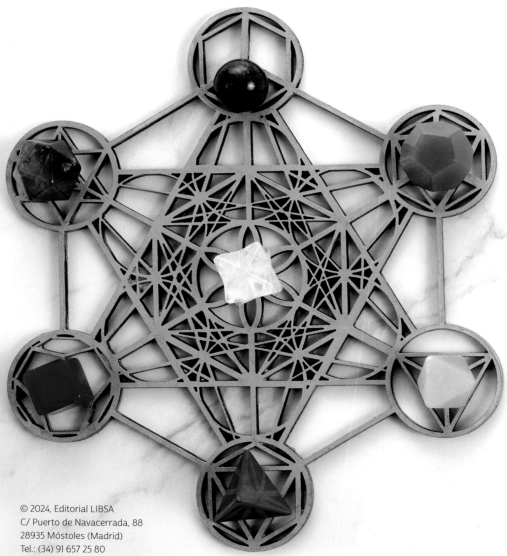

© 2024, Editorial LIBSA
C/ Puerto de Navacerrada, 88
28935 Móstoles (Madrid)
Tel.: (34) 91 657 25 80
e-mail: libsa@libsa.es
www.libsa.es

Textos: María José Hernández Varela
Imágenes: Shutterstock
Maquetación: Roberto Menéndez González · Diseminando Diseño Editorial
ISBN: 978-84-662-4308-7

DL: M-26507-2023

CONTENIDO

empleron para levantar imponentes obras en las que las piedras actuaban como vehículos para que el espíritu de cada persona pudiese alcanzar a la divinidad suprema, al gran espíritu guía. Prueba de esa adoración sagrada a las piedras son los numerosos monumentos megalíticos repartidos por el mundo, como el dolmen de Brownshill, en Irlanda, el gran conjunto megalítico de Carnac, en la Bretaña francesa, los talayots de la isla de Menorca, y el famoso círculo mágico de Stonehenge, al sur de Inglaterra. Más cercanos en el tiempo, pero también sustentados en el influjo magnético de las piedras, son los gigantescos moáis de la Isla de Pascua y las hermosas e impresionantes pirámides aztecas y mayas. Poco a poco, con el paso del tiempo, esa fascinación por el poder energético y espiritual de las grandes construcciones en piedra se fue transformando en una seducción más cercana, más personal, en un hechizo que se podía aplicar en la vida diaria. De esa transmutación dejaron constancia todas las culturas, desde el antiquísimo Libro de Thot, un conjunto de papiros del Antiguo Egipto con fórmulas de hechicería, hasta los textos de los primeros médicos griegos, que se ayudaban del poder sanador de las piedras para curar tanto las dolencias del cuerpo como las del alma, o los de los alquimistas y magos medievales, que a los poderes curativos anteriores sumaron otros relacionados con el logro de la riqueza y el poder. También los aztecas, los mayas y los incas atribuyeron poderes mágicos a determinadas piedras, como la obsidiana o la

PRESENTACIÓN

Desde hace muchos miles de años, los seres humanos han otorgado un significado especial a las piedras, las han relacionado con la poderosa energía de la tierra, en cuyas profundidades se forman, y con la etérea energía del universo, que son capaces de captar y traer hasta nosotros. Esa capacidad de aunar dos energías tan potentes fascinó a nuestros antepasados prehistóricos, que otorgaron a estos elementos naturales un significado espiritual y mágico, convirtiéndolos en el eje de sus religiones totémicas, en protagonistas de sus creencias en el más allá y el culto a los muertos, y las turquesa, y en la medicina china ancestral la piedra de jade se consideraba sagrada por sus propiedades curativas y protectoras.

En la actualidad, esa larga tradición en el uso de los poderes mágicos de las piedras aún continúa vigente y muchas personas siguen beneficiándose de las vibraciones que emiten estos elementos naturales y que crean campos de poder que protegen tanto nuestra salud física como mental y espiritual.

Este libro se ha escrito siguiendo fielmente ese asombroso legado. En él podremos encontrar todo lo que necesitamos conocer sobre las propiedades beneficiosas de los principales cristales dotados de poderes mágicos y las acciones sanadoras y reparadoras específicas que ejercen en nuestro cuerpo, nuestra mente y nuestro espíritu. Descubriremos los chakras o puntos vitales sobre los que actúa cada una de las piedras y la mejor forma para abrirlos y que su energía fluya armónicamente por nuestro interior. Mostraremos qué piedras resultan más apropiadas según el signo del Zodiaco, el mes y el día de nacimiento que nos corresponda, o según el objetivo que deseemos lograr. También, y no menos importante, la forma correcta de usar los cristales mágicos, limpiarlos y recargarlos para aprovechar al máximo sus cualidades. Aplicando toda esta información en nuestra actividad diaria lograremos ser personas más equilibradas, sanas y felices. ¡Qué lo disfrutéis!

EL PODER DE LAS PIEDRAS

Atraer la felicidad, el amor o la fortuna, elevar la inteligencia o la empatía, curar diversas dolencias, proteger la energía o promover la espiritualidad son algunos de los muchos beneficios que nos proporcionan las piedras y los cristales.

Las piedras, al igual que todos los elementos del Universo, desde la luz y las estrellas hasta nuestros propios pensamientos son, en última instancia, manifestaciones diferentes de la energía primordial que encierra el cosmos. Pero en el caso de esta materia mineral, esa energía resulta especialmente poderosa, ya que se trata de unos elementos formados en las entrañas del planeta Tierra, en muchas ocasiones, tras largos periodos de tiempo experimentando transformaciones y cambios.

Y como todo elemento poderoso, vamos a aprender a usarlo y, de ese modo, obtener toda la fuerza y la protección que nos puede transmitir.

Aunque puedan parecer seres inanimados, las piedras son elementos vivos de la naturaleza, ya que nacen, crecen y experimentan transformaciones a lo largo de su existencia. La energía vital que encierran ha sido apreciada desde la antigüedad, pues es beneficiosa para el cuerpo, la mente y el espíritu, nos ayuda a mantener la armonía interior e interactúa con nuestros chakras haciendo que la propia energía fluya de forma natural para proporcionarnos un mayor bienestar.

Por eso conviene que nunca perdamos el contacto con ellas, que las llevemos con nosotros en forma de anillos, colgantes o pulseras, o simplemente en un bolsillo, y tocarlas y acariciarlas a menudo. Colocadas bajo la almohada atraen sueños felices y, en algunos casos, premonitorios; usadas en ejercicios de meditación ayudan a elevar la concentración y la intuición; y también son protagonistas de diversos rituales mágicos enfocados a obtener algún beneficio concreto. Pero antes de utilizarlas, tendremos que limpiarlas y activar sus poderes adecuadamente.

Cómo limpiar las piedras

Las piedras y los cristales deben tratarse siempre con amor y respeto para conseguir una buena conexión con ellos y lograr que su energía y sus poderes beneficiosos se expandan por todo nuestro ser. Por eso, antes de su primer uso, y también periódicamente, tendremos que limpiarlas y purificarlas adecuadamente. La forma más sencilla es colocarlas durante un minuto bajo el agua del grifo para hacer una limpieza

PIEDRAS QUE NUNCA DEBES SUMERGIR EN AGUA

Ámbar	Madreperla	Piedra de luna
Azurita	Selenita	Topacio
Turquesa	Jaspe	imperial
Aguamarina	Calcita	Ópalo
Coral rojo	Cincita	Cianita
Fluorita	Zeolita	Kuncita
Limonita	Lapislázuli	Turmalina
Malaquita	Pirita	negra

rápida y después sumergirlas en un baño de agua de lluvia que habremos recogido previamente, pues ese líquido contiene todo el poder mágico y beneficioso del cielo.

Para las piedras que no puedan sumergirse en agua, como la turmalina negra, el aguamarina, la turquesa o el lapislázuli, es preferible seguir una práctica que han empleado durante siglos los indígenas americanos como sistema de purificación: quemar un poco de salvia o de incienso y dejar que su humo aromático rodee las piedras y arrastre con él toda la energía antigua que pudieran tener retenida.

También resulta efectivo aprovechar el poder limpiador de otras piedras, como una drusa de amatista, una geoda de cuarzo o una placa de selenita; basta con dejar sobre ellas, durante toda la noche, las piedras que necesitamos limpiar. Otras piedras que poseen poder limpiador, aunque requieren un contacto más largo, al menos de 24 horas, son la cornalina y la hematita.

Un método muy similar, también basado en el efecto purificar de todas las variedades de cuarzo, es colocar la piedra sobre la drusa de amatista y situar alrededor cuatro cristales de cuarzo de una punta, orientados hacia cada uno de los puntos cardinales y con la punta señalando hacia la piedra que queremos purificar. Así deben permanecer durante un día completo.

Por último, la piedra también se puede situar bajo alguna estructura piramidal, ya que este cuerpo geométrico favorece que la energía cósmica penetre por cada uno de sus vértices y se concentre en el objeto situado bajo ella. Además de la limpieza inicial, en el día a día es importante no dejar que las piedras acumulen polvo, ya que eso no solo nos obligará a purificarlas con mayor frecuencia, sino que también dificultará que proyecten todo su poder.

Cargar o activar sus poderes

El uso habitual del poder de las piedras suele dejarlas «vacías», sin energía interior, por eso se hace necesario activarlas periódicamente. La manera más eficaz de hacerlo es tomando la piedra descargada en las manos, acariciarla e insuflarle nuestro aliento, mientras pensamos en el propósito concreto sobre el que deseamos que actúe.

Otra forma es exponiéndolas a la luz lunar o la solar, pues absorberán su mágica energía y recargarán sus poderes. Para ello, solo tenemos que colocar las piedras que deseemos activar sobre una bandeja de vidrio, porcelana o barro, nunca en un recipiente metálico, y dejarlas expuestas un día completo. Pero, cuidado, hay algunas piedras, como la amatista, que pierden su intensa coloración si reciben la luz solar de forma directa; en esos casos, la piedra debe colocarse dentro de una bolsita de lino.

La energía de la tierra es tan eficaz, como elemento purificador, como la de la luna o el sol.

Por eso, otro sistema para recargar nuestras piedras es enterrarlas en el suelo; puede utilizarse una maceta profunda, pero es preferible hacerlo en una zona con árboles, ya que estos actúan como concentradores de energía.

Una vez terminado el ritual de limpieza y activación de una piedra, ningún extraño debe tocarla, pues inutilizaría sus poderes. Otra precaución que debemos tomar es no guardar las piedras juntas para que no interfieran sus energías.

Cuando una piedra se rompe es porque ya ha ejercido su acción beneficiosa y no queda más magia en su interior. En ese caso, nunca debemos tirarla a la basura, sino enterrarla, para de ese modo devolverla a la tierra, que es el lugar donde nació.

Piedras personales y como regalo

Cada piedra posee unas características propias, que conviene conocer para emplear siempre la más adecuada al propósito que busquemos. Aunque todavía no hayamos desarrollado la capacidad suficiente para sentir su energía, la piedra la irradiará de todos modos y ejercerá su influencia beneficiosa. Pero no todas las piedras nos sirven a todos; cada uno debe elegir su propia «piedra personal». Cuando vayamos a adquirirla tenemos que olvidar las prisas y contemplar todo el muestrario con mirada atenta; seguro que nuestra piedra nos «hablará», atraerá la mi-

rada más que el resto y, al tomarla en las manos, percibiremos algo especial, como un ligero cosquilleo. Solo tenemos que saber escuchar.

Una vez elegida esa piedra especial, y como ya indicamos al inicio, resulta muy eficaz usarla engarzada en algún adorno que llevemos sobre la piel, como anillos, collares o pulseras, pues incrementará las energías positivas, aumentará nuestra claridad mental y nos proporcionará estabilidad emocional y equilibrio. Las vibraciones luminosas que emiten los colores de las piedras se reflejarán en nuestro aura, eliminando o alejando cualquier energía negativa. Hay que tener en cuenta que, ya en las culturas antiguas, como la egipcia o la hindú, la joyería con piedras no se diseñaba solo como objeto de embellecimiento personal, sino también para que los cristales transmitieran una influencia protectora o terapéutica a través de la energía que irradiaban.

Las piedras y los cristales también pueden convertirse en regalos muy especiales, aunque antes de entregarlas, para que el receptor sienta la emoción que hemos puesto en ese presente, deberemos situarlas sobre nuestro corazón y concentrarnos en la persona que va a recibir nuestro obsequio, imaginándola feliz y saludable. Así, transmitiremos no solo un regalo, sino también nuestra propia energía positiva, que después irradiará la piedra.

Piedras curativas

La denominación « litoterapia » hace referencia a la técnica que usa los poderes benéficos de las piedras para curar o aliviar dolencias corporales, mentales y emocionales. En esta técnica de medicina alternativa ancestral se emplea, entre otras propiedades, el color de la piedra para elegir la más adecuada a cada problema.

Piedras rojas: proporcionan vitalidad, salud, fortaleza en las emociones y los sentimientos, y estabilidad; a nivel físico, estimulan la circulación y alivian los problemas digestivos.

Piedras rosas: reducen la tensión y los sentimientos violentos, logrando un estado de calma apacible; mejoran la autoestima, alejan las penas y ayudan al crecimiento amoroso y espiritual dentro de una pareja.

Piedras naranjas: este color se asocia al placer y a la felicidad.

Piedras amarillas: emiten una energía muy positiva, ayudan a controlar las emociones, aportan fuerza y devuelven la confianza y la seguridad en uno mismo; propician la alegría y el buen humor. A nivel físico, regulan el sistema nervioso y mejoran los problemas de piel.

Piedras verdes: este color favorece el desarrollo de la inteligencia, la generosidad y la compasión; atrae el bienestar personal y la buena suerte.

Piedras azules: favorecen la meditación, mejoran la intuición y aportan tranquilidad y calma; a nivel físico, ayudan a conciliar el sueño.

Piedras violetas: mejoran el discernimiento, ayudan a conseguir un perfecto equilibrio entre cuerpo y mente y alejan los miedos, activan la imaginación y desarrollan nuestra parte más espiritual y sensible; a nivel físico, alivian las alteraciones nerviosas.

Piedras negras: al contrario de lo que pudiera creerse, las piedras de este color no están relacionadas con nada negativo; sus propiedades son, fundamentalmente, protectoras, además de resultar una magnífica ayuda para el autocontrol.

Piedras blancas: este color simboliza la pureza, la armonía y la paz, por lo que suele emplearse en rituales de protección y para alejar las energías negativas; también ayudan a aclarar la mente y encontrar solución a los problemas.

Si en nuestros sueños aparecen varias piedras blancas significa que somos personas de fuertes convicciones y que tendemos a cuidar a los demás.

La forma de las piedras

No solo el color de las piedras nos puede servir como guía para saber hacia dónde se enfoca preferentemente su energía y cómo utilizarla, también su forma ayuda en ese proceso, aunque hay que advertir que eso solo funciona cuando se trata de piedras en estado natural, que no han sido trabajadas, pulidas ni modeladas artificialmente.

Piedras redondeadas: representan las fuerzas del universo y suelen asociarse a rituales en los que se persiga potenciar la espiritualidad y la conciencia psíquica; además poseen un poder mágico muy beneficioso para todo lo relacionado con el amor.

Piedras con forma de huevo: desde la antigüedad, este tipo de piedras se han asociado a la fertilidad y era habitual que las mujeres las llevasen colgadas del cuello como amuleto; también pueden enterrarse en el jardín para favorecer el crecimiento de las plantas.

Piedras alargadas y delgadas: se consideran receptoras de energía y protectoras; para lograr ese fin, se dejan en un altar, frente a un espejo o sobre el marco de una puerta de la casa.

Piedras triangulares: al igual que las anteriores, su energía es protectora, aunque en este caso, para que desplieguen mejor su poder, es preferible colocarlas en una ventana.

Piedras cuadradas: son buenas para estimular la estabilidad y atraer la abundancia y la prosperidad.

Piedras en forma de L: son poco habituales, pero muy poderosas, ya que logran un perfecto equilibrio entre nuestra parte material y la espiritual; suelen atraer la buena suerte.

Piedras agujereadas: actúan como protección contra los malos sueños y alejan las enfermedades.

Es frecuente que estas piedras en estado natural tengan imperfecciones, pero eso no disminuye ni bloquea su poder. Debemos tener en cuenta que, al no haber sido tratadas, aún conservan viva y potente su energía primigenia, que nos ayudará a reconectar cuerpo y mente.

Piedras para la meditación

Los cristales y las piedras mágicas son excelentes acompañantes durante la práctica de la meditación. Hay varias formas de usarlas, pero todas son igual de efectivas para experimentar su influencia. Primero hay que seleccionar la piedra más adecuada para nuestro objetivo, después escoger un lugar tranquilo y, por último, adoptar una postura cómoda; la postura clásica de meditación es sentados en el suelo con las piernas cruzadas.

A continuación, hay que controlar la respiración. Esta debe ser diafragmática; es decir, debemos tomar aire lentamente por la nariz, llenar los pulmones de abajo hacia arriba y expulsar el aire despacio por la boca. Con esta forma de respiración mejoraremos la concentración necesaria para meditar.

Ritual para purificar el hogar

El poder de las piedras y los cristales también ayudará a crear un entorno más agradable en nuestro hogar, sin energías negativas que nos alteren. Para ello, basta con colocar una piedra natural en la habitación más frecuentada. Por ejemplo, elegir para el salón una cuarcita arcoíris, que atraerá la paz, y para el jardín una calcita verde, que favorecerá el crecimiento de las plantas.

Una vez logrado el ritmo respiratorio adecuado, es el momento de coger la piedra, colocándola sobre la palma de la mano y apretándola para que el contacto sea máximo. Pero también se puede llevar puesta alrededor del cuello en un colgante o collar, o en una pulsera en la muñeca derecha.

Otro sistema es esparcirlas sobre el tapete en el que nos sentemos, bien formando un círculo a nuestro alrededor o apilándolas en vertical, pero siempre al alcance de nuestra vista para que su energía converja hacia la mente. Cuando queramos canalizar la energía de nuestros chakras, las tendremos que situar en el punto del cuerpo que corresponda, como ya veremos en las siguientes páginas.

Continuaremos la práctica con los ojos cerrados y concentrando nuestros pensamientos en la ayuda que la piedra nos está transmitiendo. Hay que sentir la corriente de energía que fluye desde la piedra y llega hasta nuestro cuerpo, entrar en comunión con ella y dejarse invadir por su poder. Al final, habremos disfrutado de una experiencia intensa y enriquecedora de la que saldremos muy reconfortados.

Ritual para la limpieza del alma

Recogemos varias piedras de río y las lavamos con abundante agua; después, dejamos secar al sol durante un día completo. A continuación, las depositaremos en el fondo de una bañera, que llenaremos con agua bastante caliente. Nos sumergimos en ese baño y dejamos que, poco a poco, el contacto de las piedras con nuestra piel nos transmita su energía purificadora y relajante. No es necesario frotarse con las piedras, ya que simplemente su contacto será suficiente.

LAS PIEDRAS DE LOS CHAKRAS

Los chakras son los vórtices energéticos de nuestro cuerpo, a través de los cuales fluye la energía vital interior. Tenemos siete centros de energía principales, situados en nuestro cuerpo astral, a lo largo de la columna vertebral, desde su base hasta la coronilla. Cada uno de ellos irradia un color del arcoíris y una energía específicos, y se relaciona con aspectos concretos de nuestro ser, tanto en el plano físico como en el espiritual, el sentimental y el psicológico. Por eso, para hallarnos en sintonía con todo lo que nos rodea, los chakras deben encontrarse en perfecto equilibrio; un bloqueo o un mal funcionamiento de cualquiera de ellos puede desembocar en problemas físicos, emocionales o psicológicos.

La práctica de los asanas o posturas esenciales del yoga, unida al uso de determinadas piedras con poderes energéticos, nos podrá ayudar a lograr esa deseada armonía entre el cuerpo y la mente, estimulando y equilibrando nuestros chakras.

MULADHARA
O CHAKRA RAÍZ

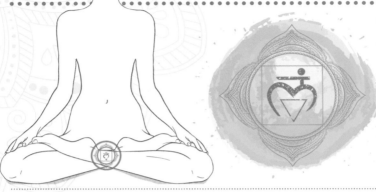

Color: rojo
Elemento: tierra
Mantra: LAM

Primer chakra

El Muladhara o chakra raíz se encuentra en la base de la columna vertebral, alrededor del coxis y extendiéndose por la zona pélvica y el perineo. Recibe el nombre de chakra raíz porque se considera la «raíz» de nuestro cuerpo, el punto que nos mantiene arraigados, unidos a la tierra, tanto física como emocionalmente, conectando nuestro espíritu con el mundo material que nos rodea. Es el punto que gobierna nuestras necesidades básicas de salud física y mental y donde reside la energía kundalini, la más poderosa en estímulo y fuerza vital.

Su energía

Cuando este chakra se encuentra en equilibrio, nos proporciona estabilidad, seguridad en nosotros mismos y una buena autoestima, nos hace sentir fuertes, independientes, centrados en nuestros objetivos y satisfechos en todos los ámbitos de nuestra vida. Es muy importante que este chakra se mantenga equilibrado, ya que es el que proporciona una base sólida para el desarrollo de los demás.

Por el contrario, cuando el chakra raíz se bloquea o desde él fluye poca energía, nos sentimos inestables, inseguros, faltos de ambición y de proyectos, atemorizados y frustrados; incluso podemos estar distraídos y tener dificultad para concentrarnos. En general, estos desequilibrios se producen cuando estamos demasiado centrados en el mundo material.

El fluir armónico de la energía de este chakra también se desequilibra cuando el flujo energético es excesivo, produciendo en ese caso sentimientos de miedo ante cualquier cambio, pereza, cansancio, tendencia a la inflexibilidad y al acaparamiento; a nivel físico se refleja en una excesiva avidez por la comida, que puede desembocar en problemas de obesidad.

Problemas de su desequilibrio

La desalineación energética del chakra raíz produce dolencias tanto físicas como mentales. Entre las primeras, dolores pélvicos, y también en las piernas, los pies y en la parte baja de la espalda, estreñimiento y problemas de colon, incontinencia y pérdidas o aumentos de peso, dependiendo de si la energía fluye por debajo o por encima, respectivamente, de sus niveles beneficiosos. Entre los problemas mentales que puede generar están la depresión, la ansiedad, la falta de autoestima y una clara tendencia al aletargamiento.

Malasana

Abrir el chakra raíz

Si se experimenta alguno de los síntomas anteriores, habrá que realizar algunas prácticas que eliminen el bloqueo de energía y nos hagan recobrar la calma y el control para seguir con un crecimiento personal adecuado y aumentar nuestra calidad de vida.

Una forma de recuperar el equilibrio es practicando las posturas de yoga Malasana (postura de la guirnalda), Vrikshasana (postura del árbol) o Tadasana (postura de montaña).

Vrikshasana

También hay dos ejercicios de pranayama (guía la energía vital a través del cuerpo físico) eficaces para curar el chakra raíz: uno es la respiración nasal alternando los dos conductos y el otro es la llamada respiración refrescante.

Por supuesto, la práctica de la meditación es otro sistema eficaz para canalizar de nuevo nuestra energía a través del cuerpo.

Tadasana

LAS PIEDRAS DEL CHAKRA RAÍZ

Cualquiera que sea la práctica que elijamos para volver a equilibrar el chakra raíz, podremos potenciar sus efectos si nos rodeamos de las piedras adecuadas, formando un círculo con ellas a nuestro alrededor o poniéndolas en contacto con nuestro cuerpo. Deben ser piedras y gemas de color rojo o negro, como el jaspe, el granate y la cincita rojos, la obsidiana, la hematita y la turmalina negra.

Para que ejerzan sus efectos beneficiosos, deben situarse, en la ingle o en la zona de los pies. Si lo que deseamos es que extiendan sus poderes en el hogar, conviene colocarlas en el centro de la vivienda o en el dormitorio; si lo que se desea es desplegar su poder protector, será más efectivo ubicarlas junto a la puerta principal o en las cuatro esquinas de la casa.

Jaspe rojo

Hematita   Turmalina negra

OBSIDIANA
Escudo contra la negatividad

Color: negro (habitual) y otros
Transparencia: opaca
Dureza: 7
Brillo: vítreo
Fractura: concoidea

La magia de la protección

La cualidad más poderosa de esta piedra, cualquiera que sea su color, es la protección que emana de su interior y que forma una especie de escudo contra la negatividad, las malas energías del entorno y las influencias psíquicas dañinas. Al evitar esos ataques, ayuda a mantener una mayor claridad mental y emocional, proporcionando bienestar y paz.

Si buscamos su cercanía durante la meditación, nos permitirá llegar hasta lo más profundo de nuestro inconsciente y conectar con traumas pasados y sentimientos bloqueados, limpiándolos, auxiliándonos a la hora de trabajar contra nuestros miedos más arraigados y permitiendo sanar el espíritu. Esta propiedad movilizadora de la obsidiana es muy potente, en especial en la variedad de color negro, por lo que debemos tenerla muy presente antes de usarla y, si albergamos dudas, acudir a un terapeuta especializado en su uso.

Es una piedra de crecimiento personal y de transformación, directamente relacionada con el chakra raíz, lo que nos permite una íntima unión con la tierra y una mejor conexión entre nuestro cuerpo y nuestras emociones, entre nuestro espíritu y el mundo material en el que vivimos. Nada puede esconderse a la magia de esta piedra, su poderosa energía la convierte en un espejo en el que podemos contemplar la totalidad de nuestro ser, con sus aspectos más positivos, pero también con los más oscuros y negativos; esto resulta de gran ayuda para iniciar el camino de la superación a partir del conocimiento pleno.

Muchos colores y todos poderosos

• **Obsidiana de fuego:** de color rojo, marrón o anaranjado, con manchas negras. Con acción limpiadora y purificadora, posee una energía más delicada que la obsidiana negra; también sirve para mantener el equilibrio entre las energías del chakra raíz y las del sacro.

• **Obsidiana copo de nieve:** la matriz es de color negro, pero lleva inclusiones blancas o grisáceas en forma de pequeños puntos o estrellas. Favorece el equilibrio entre cuerpo, mente y espíritu. Esta variedad se encuentra estrechamente ligada al chakra sacro, que es el de la sensualidad y las emociones, el de los deseos, la alegría, la creatividad y la autoestima.

• **Obsidiana dorada:** posee un brillo similar al oro, aunque la matriz tiende a ser negra. Favorece la reconciliación con uno mismo y la conexión entre el pasado y el futuro.

• **Obsidiana arcoíris:** es multicolor, con reflejos brillantes en bandas cromáticas similares a las del arcoíris. Es tan potente como la obsidiana negra para el crecimiento personal y, al igual que esta, tiene poderes movilizadores del pasado, aunque su acción no resulta tan intensa.

• **Obsidiana lágrima de apache:** es de color negro y aspecto nodular. Fomenta el enraizamiento y ayuda a aliviar la tristeza y las tensiones internas, pese a que sus propiedades energéticas son más suaves que las del resto de variedades. En el plano físico, resulta muy eficaz para favorecer la renovación del tejido cutáneo, fortalecer la musculatura y proteger el sistema cardiovascular.

Sabías que...

Las culturas mesoamericanas ya conocían el poder protector de esta piedra y la empleaban en adornos, amuletos y joyas. También hacían con ella las hojas de los cuchillos para los sacrificios humanos a los dioses.

SUS PODERES

Simbología: espejo del yo, positivo y negativo.

Piedra zodiacal protectora: Sagitario (22 de noviembre al 21 de diciembre). Les proporciona abundancia e inteligencia.

Piedra de gran fuerza protectora: actúa contra la negatividad.

PROPIEDADES

Curativas: facilita la digestión, mejora la circulación y alivia los dolores de artritis y articulares.

Espirituales: crecimiento personal y transformación, de gran ayuda para las personas sensibles.

Intelectuales: aporta claridad mental.

Piedra de los chakras: raíz (muladhara) y sacro (svadhisthana).

HEMATITES
Un fuerte poder de arraigo

Color: gris acero y negro (habituales)

Transparencia: opaca

Dureza: 5 - 6

Raya: rojo teja

Brillo: vítreo

Fractura: desigual a subconcoidea

Desde el corazón de la Tierra

La hematites o hematita nace en lo más profundo del planeta y, al emerger a la superficie, lleva con ella el arraigo a su lugar de origen. Esto la convierte en una de las piedras asociadas al chakra raíz, el que nos mantiene unidos a la tierra y conecta la parte física de nuestro cuerpo con la espiritual. Es una piedra de asentamiento, pero también de protección, en particular contra las energías negativas, que es capaz de disipar o de absorber y guardar en su interior. Aunque también puede concentrar las energías positivas, actuando entonces como un amuleto que favorece nuestra expansión y fuerza de voluntad, la autoestima y nuestro poder de superación en los momentos de debilidad. Esta capacidad energética la hace muy vigorizante, también en el terreno sexual.

Se trata de una piedra muy versátil que, a sus poderes energéticos y protectores, une su capacidad para reconectar con el momento presente y calmar los excesos, rearmonizando la paz interior.

Gran potencial

En el plano psicológico, la hematites está dotada de múltiples poderes, en especial en todo lo relacionado con el fomento de la confianza en uno mismo, ayudando además, de este modo, a ganar el respeto hacia la propia persona y reduciendo los problemas de timidez. Asimismo, mejora la capacidad de comunicación, aumenta notablemente la concentración y mejora la consolidación del pensamiento y la memoria, favoreciendo también el desarrollo de otra serie de habilidades cognitivas.

Beneficios físicos

El nombre de hematites, que significa «parecida a la sangre», proviene del polvo rojizo que se desprende al rascar su superficie. Por eso, desde los tiempos más remotos, sus poderes se han conectado con los trastornos relacionados con el flujo sanguíneo. Así, se suele emplear para estimular la producción de sangre en los casos de anemia, para regular la circulación y purificar la sangre, fomentar la producción de glóbulos rojos y detener las hemorragias. E igualmente para armonizar el flujo de calor corporal dependiendo de las necesidades del organismo en cada momento.

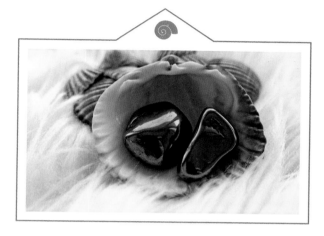

¿Cómo debemos usar la hematites?

Si se trata de incrementar nuestra concentración y mejorar el flujo de la energía del chakra raíz, durante los ejercicios de meditación convendrá colocarla en la palma de la mano o sobre los pies. Para garantizar un sueño reparador, se puede emplazar en el dormitorio; de forma preferible, cerca de la cama. Cuando se desea aliviar algún malestar físico, se situará sobre el lugar afectado. Y para aprovechar sus poderes en nuestras actividades diarias, nada mejor que llevar una pulsera, un anillo o un collar hechos con esta piedra.

Sabías que...

Los egipcios ponían la piedra a remojo en agua, a la que teñía de color rojo, y daban de beber ese líquido a los enfermos con anemia para estimular la producción de sangre.

SUS PODERES

Simbología: arraigo, conexión con el presente.

Piedra zodiacal de suerte: Aries (21 de marzo al 19 de abril), Escorpio (23 de octubre al 21 de noviembre) y Capricornio (22 de diciembre al 19 de enero).

Piedra energética: disipa las energías negativas.

PROPIEDADES

Curativas: mejora la circulación sanguínea y la anemia; alivia los dolores.

Espirituales: favorece la reconexión con uno mismo y orienta la mente hacia nuestras necesidades más primarias e instintivas.

Intelectuales: refuerza la concentración.

Piedra de los chakras: raíz (muladhara).

CINCITA
Un cristal sanador

Color: naranja, amarillo, rojo oscuro

Transparencia: translúcida a opaca

Dureza: 4 - 5

Raya: amarilla anaranjada

Brillo: subadamantino a resinoso

Fractura: concoidea

Energizante de los chakras

El poder más significativo de la cincita es como piedra energizante y estimulante de los chakras. La de color rojo oscuro muestra su principal acción sobre el chakra raíz, pero tanto esta como la de cualquier otra tonalidad pueden emplearse para reenergizar todos los centros de energía del cuerpo. Además de permitir que el flujo energético entre ellos sea más equilibrado, también ayuda a eliminar los bloqueos; para ello, basta con situar la piedra sobre la zona corporal correspondiente al chakra afectado. Todo ello nos proporciona bienestar físico, gran entusiasmo por la vida y la tan deseada paz interior.

En este sentido, el poder de la cincita llega a ser tan intenso que cualquier persona con una sensibilidad especial podrá sentir su energía simplemente con colocar la piedra en la palma de su mano. Debido a esta extraordinaria fuerza que posee, se aconseja emplearla en sesiones cortas y no con demasiada frecuencia. Conviene tener presente que un uso excesivo puede sobreestimular el chakra del corazón y provocar rubor, ira incontrolada y otros síntomas no deseables.

Poderes sanadores

En el plano mental y emocional, otro de los poderes de esta piedra es estimular, mejorar y redoblar la creatividad, haciendo que nuestra imaginación se libere y fluya sin trabas. Podemos aprovechar esos momentos creativos para poner el foco sobre las cosas que deseamos traer a nuestra vida, ya que serán los más propicios para conseguirlas. También aumenta nuestra valentía y coraje para enfrentarnos a las situaciones adversas, nos empuja a la acción e incrementa nuestra productividad. El poder de la cincita se muestra asimismo muy eficaz en el plano físico, por ejemplo, durante la etapa de la menopausia, pues combate tanto las molestias físicas que la caracterizan como los problemas psicológicos que lleva aparejados, pues ayuda al reajuste y la adaptación a un nuevo periodo de la vida. En el caso del hombre, alivia los trastornos relacionados con la próstata y reaviva el impulso sexual. También mitiga los desajustes relacionados con el sistema endocrino y el aparato reproductor.

Combinarla con otras piedras

No son habituales los adornos y joyas hechos solo con cincita, ya que es un mineral que en la naturaleza suele encontrarse asociado con otros, como la willemita y la franklinita. Esas combinaciones normalmente potencian los propios poderes de la cincita. Por ejemplo, la podemos combinar con cerusita para favorecer el cambio y la transformación en nuestra vida; con cornalina naranja o cinabrio rojo para estimular más nuestra creatividad; o con pirita o granate negro para aumentar la energía sexual masculina.

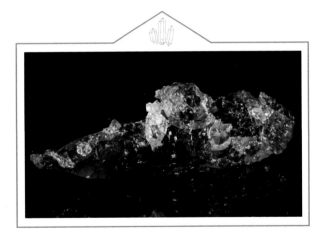

Sabías que...

La cincita puede ayudarnos en esos días en que nos sentimos más cansados y sin fuerzas para terminar las tareas pendientes, pues nos estimula física y mentalmente para desplegar todo nuestro potencial.

SUS PODERES

Simbología: estimulante de los chakras.

Piedra transformadora: su poder sobre el flujo de todos los centros energéticos del cuerpo nos ayuda a reconducir nuestra vida.

PROPIEDADES

Curativas: además de las ya mencionadas, mejora el aspecto de la piel y del pelo, potencia el sistema inmunitario y ayuda a tratar el síndrome de fatiga crónica y la infertilidad.

Espirituales: favorece la reconexión con nuestras propias capacidades.

Intelectuales: estimula la creatividad.

Piedra de los chakras: todas; la de color rojo, del chakra raíz (muladhara).

SVADHISTHANA
O CHAKRA SACRO

Color: naranja
Elemento: agua
Mantra: VWAM

Segundo chakra

El svadhisthana o chakra sacro se halla en la parte inferior del abdomen, a unos cuatro dedos por debajo del ombligo, y abarca los genitales, las caderas, el hueso sacro y la parte baja de la espalda. Es el chakra de la sensualidad y las emociones, de los deseos, la alegría, la creatividad y la autoestima. Su energía nos conecta con el elemento agua y, al igual que ella, nos permite fluir libremente por la vida, abrirnos a nuevas experiencias sensoriales, con plena aceptación de los cambios que aporten.

Los peligros de una energía desequilibrada

Cuando este chakra se encuentra en equilibrio, nos permite disfrutar de una sexualidad plena y libre, nos hace sentir satisfechos y vitales, con una actitud positiva hacia las personas y los acontecimientos, y despierta nuestra vertiente más intuitiva; en definitiva, favorece las emociones sanas y unas buenas relaciones personales.

Los desequilibrios suelen producirse cuando no estamos en contacto con la parte creativa, emocional y sexual de nuestro ser. Si el chakra se bloquea o desde él fluye poca energía, bajará nuestra libido, nos volveremos reservados, negligentes y obsesivos, y podremos desarrollar comportamientos adictivos. Pero el desequilibrio también puede derivar de un exceso de flujo energético y, en ese caso, nos abrumarán las emociones y los sentimientos de culpa, nos volveremos irascibles, impulsivos, erráticos e inestables.

Las consecuencias físicas de esos desequilibrios se manifestarán con dolores de espalda, calambres menstruales, problemas lumbares y renales, hipoglucemia y anemia. En el plano mental se traducirán en una clara inestabilidad emocional, con sentimientos de soledad, ansiedad, agobio, opresión y desinterés sexual, que repercutirán negativamente en las relaciones personales de cualquier índole.

Recuperar el equilibrio

Existen muchas prácticas que pueden ayudar a volver a conseguir
el equilibrio del svadhisthana chakra. La primera de ellas es la meditación, invocando al elemento representativo de este chakra, el
agua. En este sentido, hay dos técnicas que resultan especialmente
eficaces por sus propiedades terapéuticas: la meditación de visualización y la
meditación con cánticos. En la de visualización, el primer paso es concentrarse en
lograr una respiración ralentizada y de ritmo constante; una vez conseguida, deberemos visualizar
el color del chakra, naranja, o bien una masa de agua tranquila en un paisaje con los cielos despeja-
dos. La segunda técnica de meditación se basa en visualizar una luna blanca y plana que abarque
desde nuestras rodillas hasta el ombligo, al mismo tiempo que repetimos el mantra VWAM.
También hay varios asanas de yoga que ayudan a abrir este chakra. Los más efectivos son utkata
konasana, gupta baddha konasana, kakasana y trikonasana.

Utkata
konasana

Gupta baddha
konasana

Kakasana

Trikonasana

LAS PIEDRAS DEL CHAKRA SACRO

Las piedras y los cristales más adecuados para abrir el
chakra sacro pueden ser de color naranja o azul
verdoso. Entre las primeras podemos elegir la calcita
naranja, la vanadinita, el ojo de tigre, el topacio
imperial, la piedra del sol y la cornalina. Entre las
segundas, las más eficaces son la fluorita, la obsidiana
copo de nieve y la turquesa, tanto de tonalidad azul
grisácea como verde azulada.
Cualquiera de ellas, colocada sobre la zona pélvica
durante la meditación, hace que fluya nuestra energía
interior y aumente la energía sexual y el deseo.
También potencian nuestra intuición y creatividad.

Cornalina

Obsidiana copo
de nieve

Piedra del sol

PIEDRA DEL SOL
La piedra del resplandor y de la alegría

Color: naranja, rojo, marrón, otros
Transparencia: translúcida
Dureza: 6
Raya: blanca
Brillo: mate
Fractura: de concoidea a desigual

Los destellos del sol

Cuenta una leyenda que la heliolita o piedra del sol adquirió su brillante color anaranjado porque un nativo amerindio derramó su sangre sobre ella al ser herido por una flecha en el corazón. Otros creen que su nombre procede de los destellos anaranjados que emiten los cristales de goethita y hematites que contiene y que reflejan la luz solar. Sea cual sea el origen de su apelativo, lo cierto es que su coloración vibrante y su intenso brillo son una clara manifestación de sus propiedades y su poder.

Sus facultades ya eran conocidas en el mundo antiguo: para los celtas representaba la luz cósmica y para los griegos, la inteligencia del universo; los cristianos veían en ella una representación de los doce apóstoles y los budistas la consideraban la piedra de Vishnu; los hebreos le otorgaban tal poder que solo la portaban los sumos sacerdotes; para los chinos representaba el sol imperial; mientras que durante el periodo renacentista, las joyas hechas de oro y heliolita se empleaban en rituales mágicos para captar la luz del sol. También se creía que poseía poderes místicos y que era eficaz para combatir el efecto de los venenos.

Motivadora a nivel energético y espiritual

Esta es la piedra de la alegría y la buena fortuna, una fuente de calor, luz y vida, un potente elemento natural cuya magia ayuda a mejorar la existencia de quien la posee. Su energía impacta positivamente en nuestro ánimo, nos hace más optimistas, aleja la tristeza y la ansiedad, aumenta la confianza en nosotros mismos y ahuyenta la timidez; facilita las relaciones sociales y las hace más cálidas y amables. También nos guía hacia el yo más profundo de nuestra mente para eliminar los pensamientos negativos y, con ellos, todo lo que genera malestar y cansancio.

A nivel energético, se relaciona con el segundo y el tercer chakras, equilibrando el flujo de energía que brota desde esos centros hacia el exterior; esa poderosa emisión se traduce en una especie de resplandor luminoso que rodea a su portador y que lo empuja a avanzar por una senda positiva y reconfortante.

Para disfrutar plenamente de los efectos beneficiosos de la piedra del sol, lo más apropiado es emplearla en ornamentos de uso personal, aunque también es posible extender su acción al entorno donde vivimos o trabajamos; para ello, basta con colocar una de estas piedras en algún lugar destacado.

Su impacto en la salud

A nivel físico, la piedra del sol ayuda a combatir los estados de apatía, desmotivación y pereza, pues transmite una gran fuerza vital. También actúa positivamente sobre el corazón y el sistema sanguíneo, purificando la sangre y estimulando una mejor circulación. Sus beneficios se extienden al sistema inmunitario y al nervioso, y se utiliza con frecuencia para tratar la disfunción eréctil en el hombre y los problemas de infertilidad en la mujer.

Sabías que...

La fuerza y el vigor de la piedra del sol ya era conocida por los antiguos vikingos, que la colocaban en sus tumbas para que llevase a los muertos directamente a su paraíso, el Valhalla. También la empleaban sus navegantes para guiarse en el mar sin emplear una brújula.

SUS PODERES

Simbología: alegría y buena fortuna.

Piedra zodiacal tonificante: Leo (22 de de agosto), Escorpio (23 de octubre al 21 de noviembre) y Capricornio (22 de diciembre al 19 de enero).

Piedra estimulante: potencia la alegría, la fortaleza, la independencia y la autoestima.

PROPIEDADES

Curativas: armoniza las funciones del cuerpo, mejora el sistema circulatorio, el nervioso y el inmunológico, y eleva el deseo sexual.

Espirituales: aumenta la capacidad psíquica, mejora la autoestima y aporta calor a las emociones.

Intelectuales: mejora la memoria.

Piedra de los chakras: sacro (svadhisthana) y del plexo solar (manipura).

FLUORITA
La piedra de la meditación

Color: casi todos
Transparencia: de transparente a translúcida
Dureza: 4
Raya: blanca
Brillo: vítreo
Fractura: concoidea plana

Una energía sutil

La fluorita es una piedra que emite una energía muy sutil, pero sus vibraciones pueden ser percibidas con nitidez por las personas que posean una sensibilidad bastante desarrollada. Y es que el poder de esta piedra va dirigido especialmente hacia nuestra psique, favoreciendo la relajación de la mente y equilibrando los hemisferios cerebrales; por eso es una de las piedras más empleadas en la práctica de la meditación, tanto individual como grupal.

Con amplios y variados poderes

También es una piedra que potencia la intuición, ayudando a que seamos más conscientes de los estados espirituales superiores; esto nos dará mayor estabilidad y seguridad en nosotros mismos y, al mismo tiempo, logrará que racionalicemos las situaciones que nos afectan y adoptemos una visión más imparcial.

La fluorita es una de las piedras que más incrementa la luminosidad propia de cada persona, mejorando su inteligencia, purificando la mente y limpiando el aura de cualquier energía negativa que pueda estar perjudicándola. Por estas cualidades, resulta muy aconsejable que llevemos una piedra de fluorita con nosotros cuando debamos tomar alguna decisión importante, ya que nos protegerá contra la manipulación y las malas influencias del entorno.

Favorece el equilibrio interno de nuestro cuerpo, ordenándolo, y eso se reflejará en una vida más organizada y satisfactoria, con una mejor comprensión de las emociones y del efecto que la mente tiene sobre ellas. Este poder equilibrante nos resultará muy conveniente para superar las situaciones de estrés, tanto físico como emocional.

Pero la fluorita no solo ejerce su acción benefactora sobre nuestra psique, sino también a nivel físico. En este sentido, es una piedra que ayuda a mejorar las infecciones, incluso las víricas, siendo particularmente eficaz en el caso de resfriados y gripes; acelera la cicatrización de heridas y úlceras, y la regeneración de la piel y las mucosas, por lo que su uso es muy habitual en el tratamiento de enfermedades cutáneas; también calma los dolores producidos por la artritis, el reúma o las lesiones articulares.

La magia del color

Dependiendo del color de la fluorita, se potencian más unos beneficios que otros. Por ejemplo, la violeta es la más apropiada para la meditación y, para tratar problemas óseos y articulares; la azul es energizante, favorece el pensamiento creativo y mejora los trastornos de garganta; la amarilla estabiliza la energía y la verde absorbe la energía negativa.

Sabías que...

La fluorita puede protegernos de las radiaciones electromagnéticas que emiten los aparatos electrónicos, como la televisión, el microondas o el ordenador, que tan perjudiciales son para nuestra salud. Conviene colocar la piedra encima de ellos para que absorba esas radiaciones y no lleguen hasta nosotros.

SUS PODERES

Simbología: limpieza y equilibrio psíquico.

Piedra zodiacal tonificante: Acuario (21 de enero al 19 de febrero) y Escorpio (23 de octubre al 21 de noviembre).

PROPIEDADES

Curativas: combate las infecciones, la ansiedad y el estrés, regenera la piel, cicatriza las heridas, calma los dolores y eleva el apetito sexual.

Espirituales: repele las energías negativas, aumenta la luz personal y purifica el alma.

Intelectuales: ayuda a potenciar todas las capacidades mentales.

Piedra de los chakras: del plexo solar (manipura).

VANADINITA
Piedra de la paz mental y la aceptación

Color: rojo anaranjado, amarillo
Transparencia: de transparente a opaco
Dureza: 3
Raya: blanquecina o amarillenta
Brillo: adamantino
Fractura: desigual

Una concentración de fuerzas

Si buscamos un cristal que nos sirva de punto de conexión espiritual con la madre Tierra y, al mismo tiempo, estimule el flujo de energía corporal favoreciendo con ello la acción, la vanadinita será la mejor elección. Es una piedra perfecta para ayudarnos tanto en el plano mental como en el físico.

Al activar los tres chakras inferiores, contribuye al descubrimiento personal y favorece la comprensión y la propia aceptación, sin complejos; también nos permite enfocar y definir los nuevos proyectos, aportando asimismo la determinación y la disciplina necesarias para llevarlos hasta su conclusión; mejora la creatividad y la intuición. Sus vibraciones además activan el chakra del tercer ojo, equilibrando la mente, alejando los pensamientos que la disturban y favoreciendo así la meditación. Esta acción resulta muy favorable para las personas que tienen dificultades para conciliar el sueño debido al «ruido mental» de sus pensamientos; si colocan una piedra de vanadinita en la mesilla de noche, podrán dormir mejor.

La piedra de la estabilidad

El principal beneficio de la vanadinita en el plano mental y psicológico es la estabilidad que aporta, una cualidad muy deseable para las personas indecisas o inestables, que gracias a ella se sentirán más seguras y capaces. No obstante, también ayudará al resto, pues incita a la acción para lograr una mejora en la calidad de vida y mantiene la motivación a un alto nivel, lo que se traducirá en una vida que camina hacia el éxito, la abundancia y la felicidad.

Esa estabilidad se extiende de igual modo hacia el plano de las emociones, no dejando que nos bloqueen y favoreciendo nuestra apertura hacia los demás. El resultado será una vida más organizada y ordenada , más satisfactoria.

Reconfortante en el plano físico

Ahí la vanadinita también muestra su eficacia, avivando nuestra propia energía para desarrollar una actividad física satisfactoria. En ese mismo plano, mejora y fortalece el deseo sexual, tanto en mujeres como en hombres, ayuda a la madurez del amor compartido y promueve la fidelidad. Colocada sobre el hueso sacro (al final de la columna vertebral) permite eliminar toxinas, también sirve para tratar cualquier dificultad del sistema respiratorio y regula el funcionamiento del sistema endocrino, siendo en este sentido muy útil para reequilibrar los desarreglos hormonales que se suelen producir durante la pubertad.

Sabías que...

Aunque la vanadinita por sí sola es una piedra fuertemente energizante, también se puede combinar con otros cristales para armonizar mejor sus vibraciones con la energía de los chakras; por ejemplo, con cincita para el sacro y con lapislázuli para abrir y desbloquear las potencialidades del chakra del tercer ojo. Combinada con la piedra del sol estimula la creatividad, con la pirita aumenta la energía física y con la creedita mejora la experiencia meditativa.

SUS PODERES

Simbología: estabilizante.

Piedra zodiacal favorable: Virgo (23 de agosto al 22 de septiembre).

Elementos: tierra y fuego.

Piedra energizante: permite una perfecta conexión entre el plano físico, el mental y el psicológico.

PROPIEDADES

Curativas: mejora los problemas respiratorios, regula el sistema endocrino y favorece el aumento de la libido.

Espirituales: proporciona estabilidad y claridad interior; ayuda a la meditación.

Intelectuales: mejora la concentración y el rendimiento.

Piedra de los chakras: raíz (muladhara), sacro (svadhisthana), plexo solar (manipura) y tercer ojo (ajna).

MANIPURA
O CHAKRA DEL PLEXO SOLAR

Color: amarillo
Elemento: fuego
Mantra: RAM

Tercer chakra

El manipura o chakra del plexo solar se encuentra ubicado desde unos tres dedos por encima del ombligo hasta la parte inferior de la caja torácica, en la zona del estómago. Es el chakra del poder personal, de la energía y las emociones del ego, de la ambición, del éxito y de la responsabilidad. En definitiva, el de la autoconfianza, el que nos permite expresar tanto los pensamientos como los sentimientos de forma honesta, directa y correcta, respetando las creencias de los demás, pero defendiendo las propias. Representa la capacidad de acción y de empatía que cada uno de nosotros tenemos como individuos que formamos parte de un ente superior y universal.

Su energía: equilibrios y desequilibrios

Cuando este chakra se encuentra en equilibrio, nos proporciona energía, vitalidad, seguridad en nosotros mismos y una clara voluntad de perseguir el éxito; nos sentimos concentrados en las tareas y somos muy productivos, capaces de tomar decisiones y establecer los límites personales que deseamos en nuestra vida, siempre con relación a los demás y respetándolos, con asertividad.
Cuando el chakra se bloquea o desde él fluye una cantidad de energía insuficiente, nos sentimos inseguros, avergonzados, con una imagen negativa de nosotros mismos, sin coraje ni valentía para enfrentar los desafíos diarios, a menudo con un patrón de conducta pasivo-agresivo; es decir, con tendencia a abordar los sentimientos negativos de manera indirecta, en una evidente desconexión entre lo que decimos y lo que hacemos. Esto, en muchas ocasiones, genera hostilidad, sentimientos de ira y resentimiento, así como una actitud cínica y hostil.

Problemas físicos y mentales

Los chakras se ubican en nuestro cuerpo astral, pero están conectados con nuestro cuerpo físico; por eso, cualquier desequilibrio en ellos se traduce en problemas reales de salud, a veces graves. En el caso de un desequilibrio del chakra del plexo solar, las consecuencias a nivel físico suelen traducirse en trastornos digestivos (úlceras, acidez), hepáticos, de vesícula biliar y páncreas, un aumento anormal de peso y sensación de fatiga crónica.

Abrir el chakra del plexo solar

En este chakra reside el centro energético del cuerpo, una fuerza que, como el fuego, debe fluir y extenderse por todo nuestro organismo, ayudando a conectar cuerpo, mente y alma a nivel profundo. Eso nos permitirá una mejor comprensión de nosotros mismos desde un pensamiento positivo, neutralizando las emociones que nos dañan y fomentando el empoderamiento personal desde la autoconfianza y la autoestima.

Para lograr ese bienestar resulta imprescindible que la energía del chakra fluya con armonía y a eso nos puede ayudar la meditación mientras repetimos el mantra RAM, los ejercicios de respiración controlada, la aromaterapia con aceites esenciales de lavanda, hierba limón, jengibre, azafrán, incienso o sándalo, y el uso de joyas y adornos con las piedras más eficaces para neutralizar las malas energías, como el ámbar o el ojo de tigre. También la repetición de afirmaciones construidas desde la positividad.

Bhujangasana

Dhanurasana

Virabhadrasana

Navasana

LAS PIEDRAS DEL CHAKRA SOLAR

Las mejores piedras y gemas para equilibrar el chakra del plexo solar son las de color amarillo, como el ámbar, la calcita dorada, el ojo de tigre, el jaspe amarillo, el citrino, el cuarzo rutilado y el apatito amarillo. Antes de utilizar cualquiera de ellas conviene que busquemos un lugar apacible, adoptemos una postura cómoda, ya sea sentados o tumbados, y comencemos el ejercicio elegido para la meditación. Después colocaremos la piedra sobre el ombligo y, con los ojos cerrados, nos concentraremos en visualizar su color y su poder. Tenemos que sentir cómo su energía penetra en nuestro chakra. Seguiremos con este ritual durante unos 20 minutos, sin hablar, con una respiración pausada y tranquila, y manteniendo la mente concentrada en nuestro objetivo.

Jaspe amarillo

Ojo de tigre

Cuarzo rutilado

ÁMBAR
Piedra protectora y de sabiduría

Color: amarillo, a veces pardo o rojizo

Transparencia: de transparente a translúcida

Dureza: 2 - 2,5

Raya: blanca

Brillo: resinoso

Fractura: concoidea

Una piedra de luz y vida

La belleza de este poderoso talismán ha cautivado a todas las culturas desde la antigüedad, que la han convertido en símbolo de la luz solar solidificada, de unas gotas luminosas escapadas del sol o de las lágrimas de los dioses que llegaban hasta nosotros. Y es que el ámbar es una piedra indiscutiblemente ligada al espíritu vital que anida en cada uno de nosotros, a una promesa de energía positiva y revitalizadora.

Se trata de una piedra con fuertes poderes protectores para bloquear y absorber las malas energías que nos rodean, transformándolas en positivas; por lo tanto, simboliza también la buena suerte. Si buscamos protección para nosotros mismos, la familia o el hogar, lo más adecuado será situar varios cabujones, es decir, piedras pulidas pero no talladas, en diferentes zonas de la casa.

La cercanía y las vibraciones del ámbar también son beneficiosas en otros aspectos. Por ejemplo, ya desde la época de la Roma clásica, las mujeres se adornaban con joyas y amuletos de ámbar para favorecer la fertilidad, renovar la ilusión en el matrimonio y simbolizar el amor eterno de la pareja. Incluso hoy en día se siguen manteniendo esas creencias y, de hecho, el ámbar es la piedra que debe regalarse en el décimo aniversario de una relación.

Emblema de la sabiduría

El intenso poder energético del ámbar y su capacidad para bloquear todo lo que sea perjudicial y obstaculice nuestro desarrollo, lo convierten en una piedra muy adecuada para aumentar nuestras capacidades intelectuales, fomentando positivamente la concentración, la memoria y la sabiduría. Para favorecer estos efectos, lo más recomendable es llevar anillos, colgantes o amuletos de ámbar cuando se acuda al trabajo o a los centros de estudio, en especial si se debe intervenir en una reunión laboral decisiva o se tiene un examen.

Fuertes propiedades medicinales

La energía equilibrante, revitalizadora y limpiadora del ámbar resulta beneficiosa para nuestra salud. Potencia nuestra energía física y calma el estrés al fomentar una visión positiva de los acontecimientos diarios de nuestra vida. Posee propiedades antiinflamatorias y también analgésicas; basta con situar una de estas piedras sobre la zona dolorida de nuestro cuerpo para que el malestar se calme y comience el proceso de sanación de la zona afectada, ya que ayuda a revitalizar los tejidos. Además, favorece las funciones del aparato digestivo.

Sabías que...

A lo largo del tiempo, el ámbar ha simbolizado el recipiente de la eterna juventud y la conservación, una creencia que seguro se ha inspirado en los insectos, las hojas y las partes de otros organismos que han quedado atrapados y conservados intactos en su interior durante el proceso de formación de la piedra. Por este motivo, es la piedra perfecta para detener el envejecimiento. En algunas culturas también lo han considerado el recipiente de descanso para las almas cuando el cuerpo muere.

SUS PODERES

Simbología: buena suerte, protección y renovación.

Piedra zodiacal energética: Piscis (19 de febrero al 20 de marzo). Les proporciona energía, inspiración y claridad de mente.

Piedra protectora: aleja las malas energías, protege del mal de ojo y atrae la buena suerte.

PROPIEDADES

Curativas: favorece la fertilidad, tiene propiedades analgésicas y antiinflamatorias.

Espirituales: equilibra los estados de ánimo, potencia la claridad mental y favorece la meditación.

Intelectuales: aumenta la concentración, la inteligencia y la memoria.

Piedra de los chakras: plexo solar (manipura).

OJO DE TIGRE
Creatividad, fuerza y equilibrio

Color: amarillo-pardo
Transparencia: translúcida
Dureza: 7
Raya: blanca
Brillo: vítreo
Fractura: concoidea

Un talismán con múltiples virtudes

Quien lleve encima un ojo de tigre, lleva también consigo la buena suerte y la protección. Una buena suerte que se traducirá en éxito personal, tanto en la vida como en los negocios, en abundancia económica y prosperidad. Y una protección que, a modo de escudo, repelerá las energías negativas, el mal de ojo, los hechizos de magia negra y la envidia, devolviéndolos a su emisor; esa liberación nos impulsará a dar los pasos necesarios para conseguir nuestros propios objetivos, con fuerza, seguridad, valentía y ambición, sin influencias externas perjudiciales.

Además de gozar de esas virtudes, las vibraciones positivas del ojo de tigre equilibran la mente, armonizan el yin y el yang, liberan de la ansiedad, disipan los miedos y la indecisión, aumentan la autoestima y la confianza en uno mismo, y mejoran el estado de ánimo. Por eso, las personas tímidas pueden obtener de ella muchos beneficios, pues las ayudará a abrirse a los demás y comunicarse mejor. También eliminan los bloqueos emocionales y, de esa manera, se favorecen las relaciones personales.

La piedra de la libertad

Este es otro de los nombres que se le otorga al ojo de tigre, una piedra con fama de misteriosa, quizá por su atractiva combinación de bandas coloreadas que recuerdan a los ojos y la piel del felino, o quizá por los muchos beneficios que asimismo aporta en el plano físico. Esta piedra contribuye a mejorar algunos problemas respiratorios, como el asma o la bronquitis, purifica los órganos y la sangre, alivia los dolores de cabeza, favorece la movilidad de las articulaciones, ayuda en los trastornos intestinales, regula la acidez estomacal y la presión arterial. Combate la fatiga crónica y los problemas relacionados con el sueño, y refuerza el sistema inmunitario. Un largo catálogo de virtudes que convierten al ojo de tigre en uno de los talismanes más apreciados.

¿Cómo usar el ojo de tigre?

El ojo de tigre es una piedra tan poderosa que lo más recomendable es llevarla siempre sola, sin combinarla con otras.
Solo en determinados casos, cuando se desee potenciar
algún efecto concreto, será posible buscar esa asociación.
Por ejemplo, si se trata de activar más la faceta protectora,
habrá que buscar otras piedras con una energía similar,
como la obsidiana; y si se quiere acelerar la apertura del
chakra del plexo solar, es posible combinarlo con ámbar.
Para mantener el ojo de tigre en buen estado y que sus vibraciones puedan liberarse sin trabas, conviene limpiarlo
entre dos y cuatro veces al mes sumergiéndolo en agua
destilada salada y secándolo luego con un paño suave para
no dañar la piedra. A continuación, habrá que purificarla
situándola bajo la luz del sol o de la luna durante unas horas.

Sabías que...

Desde la antigua Roma hasta la Edad Media era costum-
bre que los guerreros portaran un ojo de tigre cuando
partían a la lucha, pues se decía que la piedra multiplicaba
por diez su fuerza y su valor, además de protegerlos de los
espíritus malignos. También era un talismán muy popular
entre los comerciantes, para los que atraía el éxito y el
dinero a sus negocios.

SUS PODERES

Simbología: unión entre la
energía del Sol y la de la Tierra.

**Piedra zodiacal desbloqueante
y para la salud:** Aries
(21 de marzo al 20 de
abril). Los ayuda en
caso de bloqueo de
su generosidad
y creatividad y
con los problemas
de visión nocturna.

**Piedra protectora
y energizante:** aleja
lo negativo y mejora
la autoestima.

PROPIEDADES

Curativas: alivia los trastornos
digestivos y respiratorios,
favorece la movilidad y ejerce
un efecto regulador en todo el
organismo.

Espirituales: liberadora de la
mente y de las malas energías.

Piedra de los chakras: sacro
(svadhisthana) y del plexo solar
(manipura).

APATITO

Piedra de sinceridad y amistad

Color: verde, azul, violeta, púrpura, rosa, amarillo, blanco, rojo-marrón

Transparencia: de transparente a translúcida

Dureza: 5

Raya: blanca

Brillo: vítreo, cerúleo

Fractura: de concoidea a desigual

El encuentro entre la conciencia y la materia

El apatito es una piedra inspiradora, que eleva el kundalini, nuestra energía primordial interna que permanece latente y solo logra desarrollarse plenamente cuando se reúnen la conciencia, el alma y el cuerpo con la energía del universo, provocando un intenso proceso de autotransformación. El despertar del kundalini desarrolla nuestros poderes psíquicos, nos hace sintonizar con el futuro, y permite además la conexión con vidas pasadas, favorece la buena sintonía espiritual y la meditación profunda.

También es una piedra de comunicación, que potencia la expresión de nuestras ideas y sentimientos, así como las actitudes humanitarias y compasivas, y fomenta la confianza en nosotros mismos. Todo ello contribuye a mejorar la forma que tenemos de relacionarnos con el entorno, aportando sociabilidad y sinceridad. El apatito tiene un efecto calmante, que ayuda a canalizar los sentimientos negativos, como el enfado, la ira, la irritabilidad y la frustración que en ocasiones nos bloquean y producen agotamiento emocional. Asimismo, incentiva la motivación, brindando una energía extra para llevar a cabo nuestros proyectos y alejarnos de la apatía y la desgana.

Beneficios para el cuerpo

En el plano físico, el apatito resulta un buen remedio para multitud de trastornos, desde la reducción de la presión arterial, colocando la piedra cerca del corazón, hasta el refuerzo del sistema inmunitario, para lo que debe emplazarse en la parte superior del pecho. Se muestra igual de eficaz en el fortalecimiento de los huesos y los dientes, pues permite asimilar mejor el calcio, y alivia el dolor articular. Pero la virtud por la que el apatito siempre ha sido más popular es por su influencia sobre la reducción del apetito, lo que ayuda a una pérdida de peso corporal.

El influjo del color

El apatito se genera en la tierra en una gran variedad de colores y cada uno de estos cuenta con unas propiedades mágicas específicas que se suman a las que todos comparten.

• **Apatito amarillo:** sin duda es el que ofrece mayor alegría y optimismo al espíritu, aleja la tristeza y la negatividad, y purifica los sentimientos de ira, haciéndolos desaparecer. En el plano físico, es una de las variedades que mejor regula el apetito, ayuda al drenaje de líquidos y favorece la eliminación de grasas.

• **Apatito verde:** es el color que mejor equilibra cuerpo y mente, aporta motivación, y eso ayuda a alcanzar los objetivos personales; además, alivia los sentimientos de frustración que surgen tras una decepción amorosa.

• **Apatito azul:** cantantes, actores, oradores o cualquier persona que deba dirigirse al público debe llevar un amuleto de apatito azul, pues cuida la voz y aleja los trastornos de garganta, favorece la conversión de los pensamientos en palabras, desarrolla la intuición y otorga gran confianza en uno mismo.

Sabías que...

La energía liberada por el apatito estimula la creatividad, la imaginación y la originalidad, por lo que resulta un amuleto muy aconsejable para todas aquellas personas que, personal o profesionalmente, requieran de esas importantes cualidades.

SUS PODERES

Simbología: apertura y comunicación.

Piedra zodiacal de inspiración: apatito azul para Sagitario (22 de noviembre al 21 de diciembre), Acuario (20 de enero al 18 de febrero) y Piscis (19 de febrero al 20 de marzo).

PROPIEDADES

Curativas: uno de sus principales poderes curativos es que reduce el apetito y regula los procesos digestivos, por lo que resulta una buena ayuda cuando se desea adelgazar.

Espirituales: calma las emociones, favorece la sintonía espiritual y ayuda en la meditación.

Intelectuales: aporta inspiración y creatividad.

Piedra de los chakras: apatito amarillo, del plexo solar (manipura); apatito azul, del tercer ojo (ajna).

ANAHATA
O CHAKRA DEL CORAZÓN

Color: verde
Elemento: aire
Mantra: YAM

Cuarto chakra

El anahata o chakra del corazón se ubica en el centro del pecho, sobre el corazón, tal como su nombre indica. Esta posición lo convierte en el punto de equilibrio entre los chakras superiores y los inferiores, entre el cuerpo y las emociones y, por tanto, es el lugar donde conecta nuestro mundo físico con el espiritual. Si la energía de este chakra fluye adecuadamente, nuestra vida diaria resultará muy satisfactoria y estará marcada por sentimientos afectuosos, amables, empáticos y compasivos; el optimismo y la motivación serán nuestra guía y la comprensión se convertirá en el modelo hacia el que orientaremos todas nuestras acciones dirigidas a los demás. El amor hacia nosotros mismos, hacia la pareja y la familia, hacia la misma esencia de la existencia, serán nuestros faros de luz; los sentimientos de pasión y amistad cobrarán un nuevo y grato significado, y la compasión y la armonía serán los ejes en torno a los que giren nuestras actividades diarias.

La importancia de equilibrar su energía

Cuando el chakra del corazón está equilibrado, nos aceptamos de manera plena a nosotros mismos y nos sentimos libres para abrirnos a todo lo que nos ofrece el mundo exterior, para relacionarnos de una forma sana con las personas que nos rodean. Nos hace sentir seguros y sin miedos, incluso cuando nos hallamos en ambientes negativos o poco propicios. De ahí la gran importancia de evitar sus desequilibrios, pues afectarán profundamente a la salud física y espiritual.

Si se bloquea este chakra y no fluye su energía, a nivel físico podemos sufrir problemas circulatorios, dolor en el pecho, alteraciones de la presión arterial y palpitaciones; a nivel mental, dificulta que conectemos con nuestras emociones, lo que acaba provocando aislamiento, miedo, intolerancia y depresión, afectando negativamente a nuestras relaciones personales, ya sea de pareja o con el entorno. Si el desequilibrio se produce por un flujo excesivo de su energía, también alterará nuestra salud, volviéndonos dependientes, excesivamente sacrificados y entregados, celosos.

Cómo abrir el chakra del corazón

Para que la energía amorosa y bienhechora de este chakra vuelva a fluir de forma adecuada, hay varias prácticas que suelen dar buenos resultados. La primera de ellas es el uso del poder de determinadas piedras, como el cuarzo rosa, que favorecerá el amor hacia nosotros mismos y la paz interior, o el jade, que ayuda a recuperar el equilibrio perdido; por su parte, la amazonita y la rodocrosita tienen poderes sanadores que aumentan la armonía en nuestra vida, la primera al limpiar antiguas heridas y la segunda alejando traumas y miedos.

Otra práctica muy beneficiosa es practicar algunas posturas de yoga asana, como la del camello (ustrasana) y la de la esfinge (salamba bhujangasana); antes de salir de estas posturas es importante realizar varias respiraciones hacia el abdomen. También son eficaces las posturas del medio puente (ardha setubandhasana) y la del pez (matsyasana).

Salamba
bhujangasana

Ustrasana

LAS PIEDRAS DEL CHAKRA DEL CORAZÓN

El verde es un color que nos revitaliza, por eso también es el que domina en las piedras y gemas con poderes para equilibrar el chakra del corazón. El jade, la malaquita, la lepidolita, el aguamarina, el ópalo, la aventurina y la calcita verdes son algunas de las piedras más apropiadas para sanar este chakra.

Pero no olvidemos que el anahata es el chakra del amor y la pasión, por lo que los cristales de color rosa, como el cuarzo rosa, la rosasita y la turmalina rosa y sandía, también resultan muy eficaces para lograr este objetivo.

Para que ejerzan su acción beneficiosa, debemos colocarlas sobre el corazón durante las prácticas de meditación, y después llevarlas en el bolsillo o cerca de nuestra piel, en forma de adornos y joyas para continuar sintiendo su efecto curativo. Si decidimos colocarlas en casa, debemos seleccionar un lugar que sea muy significativo para nosotros, ese lugar que consideremos el corazón de nuestro hogar.

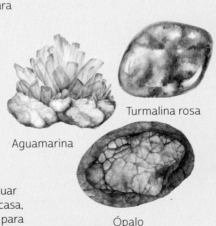

Turmalina rosa

Aguamarina

Ópalo

CUARZO ROSA
La piedra del amor

Color: rosa
Transparencia: de translúcida a casi opaca
Dureza: 7
Raya: blanca
Brillo: vítreo
Fractura: concoidea

El poder del amor

El cuarzo rosa es la piedra por excelencia para tratar las cuestiones amorosas, pero no solo en la pareja, ya que antes de ofrecer amor a los demás, debemos sentirlo hacia nosotros mismos. Sus potentes vibraciones nos proporcionan seguridad, serenidad y bienestar, y eso nos ayuda a estar más receptivos para disfrutar del amor. En las relaciones de pareja fomenta el respeto y la ternura, la benevolencia y el perdón, y aleja los celos y las inseguridades, fortaleciendo de ese modo la conexión entre los amantes. Esa conexión será aún más intensa y duradera si ambos miembros de la pareja usan algún adorno que lleve una piedra de cuarzo rosa, pues permitirá que la energía del chakra corazón fluya de manera permanente.

Esta piedra también ejerce su acción positiva en el ámbito de la familia y las amistades, pues proporciona paz interior, facilita la apertura hacia los demás y la escucha, lima desconfianzas y aumenta la ternura. Con todo ello, fomenta el amor fraternal y la armonía, haciendo que las relaciones sociales sean más agradables, espontáneas y satisfactorias. Para disfrutar plenamente de esos beneficios conviene repartir varios cristales o geodas de cuarzo rosa por la casa, el lugar de trabajo o cualquier otro ambiente donde creamos que sea necesario.

Contra la ansiedad, la tristeza y las malas energías

Las propiedades calmantes y de apaciguamiento espiritual del cuarzo rosa resultan muy beneficiosas para calmar los estados de ansiedad o de crisis, pues logra que estos disminuyan o desaparezcan, aportando seguridad y sosiego, haciendo que contemplemos los problemas desde una perpectiva más calmada y objetiva, y que aceptemos los cambios y las situaciones nuevas con serenidad. Gracias a estas virtudes, el cuarzo rosa se considera muy eficaz contra las crisis que algunas personas experimentan hacia la mitad de su vida.

También aleja la tristeza, el desánimo y el decaimiento. Por eso, el cuarzo rosa se considera uno de los mejores talismanes para sentirse feliz. Cuando percibamos que esa felicidad se aleja y comienzan a dominar los sentimientos de estrés y ansiedad, que la negatividad empieza a dominar nuestra mente y nuestro espíritu, lo mejor es colocar esta piedra muy cerca del corazón y llevarla ahí durante varios días.

Otra de las acciones más poderosas que ejerce el cuarzo rosa es contra las energías negativas. Sus vibraciones son capaces no solo de eliminarlas, sino también de transformarlas en emociones positivas, ya sean de amor o amistad, mejorando así nuestro bienestar interior a corto y largo plazo, lo que ayudará a la realización personal. En el plano físico, ayuda a regular la presión arterial, favorece el buen funcionamiento del sistema circulatorio, ayuda a la eliminación de toxinas a través de los riñones y mejora los problemas cutáneos.

Sabías que...

Los amuletos de cuarzo rosa son muy aconsejables durante la infancia, ya que proporcionan una energía suave y acogedora, maternal. Si se sitúan en el dormitorio, su acción calmante ayudará a los pequeños a conciliar un sueño tranquilo, sin agitaciones ni pesadillas.

SUS PODERES

Simbología: amor y paz interior, la diosa Afrodita y el planeta Venus.

Piedra zodiacal de apaciguamiento y de conexión con los sentimientos: Aries, Tauro, Cáncer, Libra y Acuario.

Piedra de estabilidad emocional: sus vibraciones liberan la energía del chakra del corazón, proporcionando paz interior y emociones estables.

PROPIEDADES

Curativas: alivia las quemaduras y el dolor de cabeza, mejora la calidad de la piel y regula el sistema hormonal.

Espirituales: piedra de sanación muy útil para liberar las emociones reprimidas.

Piedra de los chakras: corazón (anahata).

MALAQUITA
Piedra de transformación y protección

Color: verde intenso

Transparencia: translúcida

Dureza: 3,5 - 4

Raya: verde claro

Brillo: de adamantino a satinado

Fractura: de subconcoidea a desigual, frágil

Una energía muy poderosa

La malaquita es una piedra de limpieza, que conecta con el cuarto chakra, el del corazón, favoreciendo su apertura para que la energía fluya suavemente, lo que nos aporta armonía y paz interior, equilibrio y confianza. También nos ayuda a liberar la mente para así poder conectar con nuestro subconsciente, haciendo que emerjan los conflictos y los traumas personales ocultos que nos frenan y dañan, para solucionarlos y lograr que sintamos de nuevo la alegría de vivir.

Otra de las propiedades más poderosas de esta piedra es la protección que ofrece contra las energías negativas, la envidia, los celos o el mal de ojo, alejando de nosotros todos los efectos indeseados que provocan. Esta capacidad le permite además protegernos de las radiaciones electromagnéticas. Antes y después de usar la malaquita para estos fines, conviene limpiarla; para ello, lo mejor es colocarla en medio de un grupo de cristales de cuarzo y en una exposición soleada.

Asimismo, la malaquita es una piedra de transformación, que nos anima a vivir con más intensidad; a asumir riesgos y a no temer los cambios; a hacer frente, de una forma responsable, a las consecuencias que conllevan cada uno de nuestros actos. Mentalmente potencia la intuición y la comprensión, favorece la claridad intelectual y la observación, haciendo que nos comuniquemos con los demás de una manera más fluida y satisfactoria.

Como la energía que desprende es muy poderosa, pues intensifica extraordinariamente los sentimientos y las emociones, si al usarla sentimos que sus vibraciones son demasiado intensas, podemos suavizarlas combinando esta piedra con cuarzo rosa o verde; por el contrario, debe evitarse usarla con otras de carácter dinamizador, como el ojo de tigre o el jaspe rojo.

Piedra de sanación

La principal acción de la malaquita a nivel físico es el alivio del dolor, independientemente de cuál sea su origen. Para lograr este efecto, basta con situarla sobre la zona que se deba tratar y la sanación será rápida. Pero ese no es el único beneficio que nos puede aportar, pues se trata de una piedra muy versátil que posee propiedades antiinflamatorias, ayuda a combatir la fiebre y las infecciones, el asma y los vértigos; mejora el riego sanguíneo, contribuye a bajar la tensión y favorece la eliminación de toxinas. Si llevamos siempre con nosotros alguna joya o adorno de malaquita, lograremos que se refuerce el sistema inmunitario y aumente la energía muscular.

Sabías que...

La malaquita posee una energía muy poderosa, por lo que siempre conviene utilizarla bajo la supervisión de un especialista en el uso de cristales. Además, solo se debe emplear en su forma pulida, ya que esta piedra contiene cobre, responsable de su hermoso color y también de su toxicidad si se ingiere o se respira el polvillo que pueden soltar los ejemplares sin pulir.

SUS PODERES

Simbología: protección, éxito y sanación.

Piedra zodiacal de poder: Escorpio (23 de octubre al 21 de noviembre).

Los ayuda a comunicar sus deseos y sus sueños.

PROPIEDADES

Curativas: es una piedra sanadora muy versátil, aunque su principal acción curativa es el alivio de cualquier tipo de dolor.

Espirituales: favorece la armonía y la paz interior, la calma y el equilibrio.

Intelectuales: potencia la intuición y la comprensión.

Piedra de los chakras: corazón (anahata).

LEPIDOLITA
La piedra del equilibrio y de la calma

Color: lila claro, gris, amarillo, incoloro

Transparencia: de transparente a translúcida

Dureza: 2,5 - 3,5

Raya: incolora

Brillo: de vítreo a nacarado

Fractura: desigual

Una energía beneficiosa para el espíritu

La lepidolita es una de las mejores piedras para lograr el equilibrio y la unión entre la mente y los sentimientos, para calmar y armonizar, pues produce una gran sensación de bienestar. Evita los pensamientos negativos y obsesivos, logra un alivio casi inmediato de la tristeza, la depresión, el desaliento, la ansiedad, el estrés y el resentimiento. También se muestra útil para controlar los cambios de humor. Todas estas acciones tan positivas para el crecimiento personal y la armonía interior fomentan nuestra independencia y nos permiten alcanzar los objetivos que nos hayamos impuesto, sin ayudas externas ni interferencias.

Otro aspecto interesante de la lepidolita está relacionado con el efecto tornasolado que muestra su coloración y que posibilita que se refleje todo aquello que impide que la energía del chakra corazón fluya adecuadamente, de modo que nos hace tomar conciencia de los problemas que causan el bloqueo, tanto si están relacionados con nuestro propio ego del presente como por sentimientos de vivencias pasadas o incluso de otras vidas, ejerciendo una acción sanadora y de limpieza que llega hasta lo más profundo de nuestro ser y nos hace avanzar hacia el futuro.

Es una piedra sanadora de la mente, aunque siempre a través del corazón, que estimula el intelecto y mejora las capacidades analíticas, la objetividad y la concentración. Filtra las distracciones externas y hace que nos enfoquemos en lo verdaderamente importante; por eso, debemos llevar siempre con nosotros un cristal de lepidolita cuando tengamos que tomar decisiones transcendentales sobre nuestra vida.

Sus efectos curativos

La capacidad que tiene la lepidolita para ayudar a superar las dependencias emocionales y mentales también resulta extremadamente útil en el plano físico, ya que ofrece un apoyo muy útil para vencer las adicciones. Otros efectos beneficiosos son el fortalecimiento del sistema inmunitario, el alivio de los procesos alérgicos y de los dolores neurálgicos, ciáticos o articulares; en estos últimos casos, la acción analgésica es más intensa si se coloca la piedra sobre la zona afectada. Gracias a su acción calmante ayuda a conciliar un sueño tranquilo, profundo y reparador, para lo cual hay que ponerla bajo la almohada; además, tiene la propiedad de hacernos recordar los sueños. También resulta ideal cuando se trata de superar el cansancio físico después de una jornada de trabajo. Por último, hay que mencionar su capacidad para proteger al organismo frente a la contaminación y funciona muy bien como desintoxicante para la piel.

Sabías que...

El litio es uno de los elementos más abundantes en la composición de esta piedra y esa es la que causa de su gran capacidad de absorción de las radiaciones electromagnéticas que emiten un gran número de aparatos domésticos de uso habitual, entre ellos, los ordenadores. Si trabajamos con ellos, conviene que coloquemos cerca una lepidolita para que las absorba y elimine. También es una piedra muy eficaz para protegernos de la contaminación atmosférica de las grandes urbes.

SUS PODERES

Simbología: calma, armonía y equilibrio.

Piedra zodiacal de correspondencia: Géminis (21 de mayo al 20 de junio).

Piedra de los chakras: aunque su principal acción es abrir el chakra del corazón, también se puede situar sobre el del tercer ojo, potenciando de ese modo la intuición.

PROPIEDADES

Curativas: sus beneficios son numerosos, pero destacan su efecto analgésico contra el dolor y la superación de las adicciones (comida, tabaco, alcohol...).

Espirituales: ayuda al viaje espiritual y al desarrollo del alma.

Intelectuales: estimula la capacidad de análisis, la objetividad y la concentración.

Piedra de los chakras: corazón (anahata).

VISHUDDHA
O CHAKRA DE LA GARGANTA

Color: azul turquesa
Elemento: espacio
Mantra: HAM

Quinto chakra

El vishuddha o chakra de la garganta se encuentra situado en la base de la garganta, justo coincidiendo con la glándula tiroides, y abarca el cuello, la mandíbula inferior y los dientes. Es el chakra de la comunicación, la transcendencia y la purificación. Su energía nos conecta con el espacio y el éter, nos abre a la inspiración y la expresión honesta, a un mundo satisfactorio y lleno de positividad, regido por la creatividad, la autoexpresión y un tipo de comunicación siempre constructiva.

Cómo abrir o desbloquear este chakra

Cuando el chakra de la garganta se encuentra en equilibrio, nos facilita tanto la comunicación con nuestro yo interior como la verbal con las personas que nos rodean, posibilitando la expresión de los sentimientos y las ideas. El fluir armónico de su energía nos ayuda a aceptarnos mejor a nosotros mismos y a aceptar también nuestras experiencias de vida, a asumir nuestra propia identidad tal como es, con confianza y honestidad. Nos dominará una sensación de bienestar, estableceremos relaciones sanas y fuertes, y podremos convertirnos en apoyo y ayuda para los demás.

Los desequilibrios afectan negativamente tanto a nuestra salud física como mental. Si el desequilibrio es debido a un deficiente flujo de energía o a un bloqueo completo, sentiremos ronquera, irritación de garganta o dolor crónico, dificultad para hablar e, incluso, pueden aparecer problemas de tiroides; además, nos volveremos menos expresivos, incluso tímidos e introvertidos, pues nos dará miedo dejar al descubierto nuestra forma de ser, nuestra esencia, y mostraremos una clara tendencia a ocultar la verdad. Por el contrario, si el desequilibrio se debe a un flujo excesivo de energía, tenderemos a hablar en exceso, a veces de forma incoherente y compulsiva, a interrumpir y querer dominar la conversación, y disminuirá nuestra sinceridad, recurriendo a la mentira y la crítica.

Recuperar el equilibrio

Si aparece cualquiera de los síntomas mencionados, deberemos encontrar la técnica que mejor nos ayude a desbloquear el vishuddha chakra. La práctica de asanas de yoga siempre suele mostrarse muy eficaz; con las que mejor se logra dirigir la energía al chakra de la garganta y abrirlo son la postura del pez (matsyasana), la de hombros apoyada (salamba sarvangasana) y la del arado (halasana). Conviene mantener cualquiera de estas posturas durante 5-7 respiraciones.

De igual modo, es beneficioso para ayudar al equilibrio del chakra la repetición de una serie de frases que crean un pensamiento positivo, como «No hago daño con mis palabras», «Dejo que se escuche mi voz y actúo según mi verdad» o «Expreso mi creatividad con alegría». Estas afirmaciones, o cualquier otra que consideremos adecuada, las deberemos repetir en voz alta o mentalmente, como nos resulte más conveniente, o podemos escribirlas.

Por último, una práctica que nunca falla es la meditación, aunque debe realizarse con atención plena y un perfecto control de la respiración. En este caso, la más apropiada es la llamada «del león». Comenzar de rodillas en el suelo, con las manos separadas al ancho de los hombros y las rodillas debajo de las caderas; abrimos bien la boca y sacamos la lengua, estirándola hacia la barbilla; al exhalar el aire, emitimos un sonido «ha» que viene del abdomen; después respiramos normalmente y volvemos a repetir el ejercicio.

Salamba sarvangasana

Halasana

LAS PIEDRAS DEL CHAKRA DE LA GARGANTA

Las piedras y los cristales más adecuados para abrir el chakra de la garganta son de color azul, como la sodalita, el lapislázuli, el aguamarina, la turquesa, la amazonita, la cianita azul o la crisocola.

Una vez elegida la piedra, debemos ponerla sobre la garganta para que la energía del chakra fluya armónicamente. Si la colocamos en nuestro despacho de trabajo o en una habitación de la casa donde nos relacionemos con otras personas, como el salón, mejorará notablemente la comunicación.

Lapislázuli

Sodalita

Turquesa

SODALITA
La piedra de la comprensión

Color: azul, gris, blanco

Transparencia: de transparente a translúcida

Dureza: 5,5-6

Raya: de blanca a azul clara

Brillo: vítreo

Fractura: de desigual a concoidea

Unión de la razón y la intuición

Pocos cristales resultan tan beneficiosos para la expansión y el desarrollo de la mente como la sodalita. Es una piedra que elimina la confusión mental y nos libera de ataduras y de patrones rígidos, permitiendo que nos abramos a nuevas ideas. Fomenta la racionalidad, la objetividad y la búsqueda de la verdad, pero también potencia la percepción intuitiva, animándonos para que expresemos nuestros sentimientos y mejorando de ese modo la comunicación con los demás. Nos ayuda a contemplar nuestro mundo con honestidad, pero también con valentía. Aporta equilibrio emocional y autocontrol, calma la mente y facilita la creatividad, aleja los miedos y los sentimientos de culpabilidad, potenciando la autoestima y la confianza en uno mismo para que emerjan nuestras cualidades, disipando el temor a que puedan ser juzgadas o puestas en tela de juicio. Esto convierte a la sodalita en una piedra muy apropiada para fomentar el trabajo en equipo, ya que estimula el compañerismo y el apoyo mutuo, creando un entorno de armonía y dirigiendo los esfuerzos de todos los miembros del grupo hacia un mismo objetivo común.

La sanación del cuerpo y del espíritu

A nivel físico, potencia el sistema inmunológico y equilibra el metabolismo. Sirve para tratar eficazmente las dolencias de garganta y la ronquera, la fiebre y las alteraciones de la presión sanguínea. También ayuda a acelerar la recuperación muscular, mejora la salud cardiovascular y colabora en la eliminación de fluidos cuya acumulación provoca dolores debilitantes. No menos importante es su acción como bloqueante de las radiaciones electromagnéticas que emiten muchos aparatos, entre ellos, los ordenadores.

En el plano espiritual, incrementa la percepción y nos ayuda a profundizar en la meditación, ya que calma las emociones y ayuda a acceder a estados superiores, logrando que percibamos con claridad en qué estado nos encontramos e impulsándonos a avanzar tanto en la comprensión como en la búsqueda de la verdad. Las vibraciones energéticas de la sodalita equilibran el quinto chakra, el de la garganta, favoreciendo la comunicación, la autoexpresión y la honestidad, y también actúan sobre el sexto chakra, el del tercer ojo, haciendo que fluya su energía y adquiramos conciencia de una espiritualidad superior.

Sabías que...

Podemos lucir la sodalita en anillos, pulseras y colgantes, ya que es una piedra de gran belleza muy apreciada en joyería. También es posible utilizarla en adornos decorativos, que conviene situar en dependencias como el salón de la casa, donde a menudo nos reunamos con otras personas, pues favorecerá la armonía y la comunicación. El dormitorio es otro de los emplazamientos más apropiados, pues sus propiedades calmantes propiciarán un sueño tranquilo. En la práctica del feng shui, la sodalita es una piedra del elemento agua y se emplea, tanto en el hogar como en el lugar de trabajo, para crear ambientes de energía positiva.

SUS PODERES

Simbología: comprensión de nosotros mismos y del mundo.

Piedra zodiacal: Aries (trabajo y amor), Tauro (relajación), Virgo (salud y amor), Escorpio (salud), Acuario (idealismo y trabajo). Piedra de correspondencia para Libra, Sagitario y Piscis.

PROPIEDADES

Curativas: alivia los problemas de garganta, reduce la fiebre y fortalece el sistema inmunológico.

Espirituales: calma la ansiedad y aleja las energías negativas.

Intelectuales: favorece la creatividad y la comunicación.

Piedra de los chakras: garganta (vishudda) y tercer ojo (ajna).

TOPACIO AZUL
Piedra de visualización

Color: azul pálido

Transparencia: de transparente a translúcida

Dureza: 8

Raya: incolora

Brillo: vítreo

Fractura: de desigual a subconcoidea

Sintonizar con el yo superior

El topacio de color azul nos ayuda a renovarnos espiritualmente, a conectar con el espíritu universal de verdad y sabiduría, proporcionando la visión del camino que estamos recorriendo y de cómo lo estamos haciendo para, de ese modo, encontrar el punto en el que hemos comenzado a alejarnos de nuestra propia verdad y esencia. Por estas cualidades, es una piedra excelente para la meditación profunda, la reflexión y el enriquecimiento interior. Nos pone en sintonía con nuestra sabiduría, aporta entendimiento y equilibrio, y nos limpia el aura, ayudándonos a conectar con nosotros mismos y nuestros verdaderos valores.

Nos ayuda a superar limitaciones y prejuicios, favoreciendo que ganemos confianza en nosotros mismos, vivamos según los parámetros que nos hayamos marcado y alcancemos los objetivos fijados. Además, posee unas vibraciones muy especiales que deshacen los bloqueos interiores y atraen la inspiración y la creatividad, al mismo tiempo que refuerzan valores internos muy positivos, como la generosidad, la integridad y la lealtad.

También aporta claridad de mente y favorece el entendimiento, lo que nos facilitará encontrar soluciones a los problemas, y mejora la comunicación, propiciando que escuchemos a los demás. Aporta un equilibrio muy necesario, especialmente para las personas impulsivas, que, gracias a las vibraciones benéficas del topacio, lograrán contener palabras y comportamientos que no suelen estar justificados y pueden herir a otras personas. Es una piedra protectora que aleja y disuelve las malas energías y los sentimientos negativos, como el enfado, la tristeza, la ansiedad o el estrés, llamando a la fuerza, la alegría y el optimismo, y creando a nuestro alrededor un ambiente agradable y de bienestar.

Remedio para muchos males físicos

Uno de los beneficios más evidentes de la acción equilibrante y tranquilizadora que ejerce el topacio azul se demuestra sobre el sueño, que se vuelve tranquilo y reparador, reduciendo sus alteraciones y, con ellas, otros trastornos derivados, como cierto tipo de dolores de cabeza o el nerviosismo provocado por un mal descanso. También alivia las molestias de garganta, previene los problemas de sordera, mejora la capacidad visual, combate eficazmente las migrañas y ayuda a curar las dilataciones permanentes de las venas. En definitiva, el topacio azul es una piedra que nos procura una agradable sensación de bienestar físico.

Sabías que...

El topacio azul está relacionado con el chakra de la garganta y el del tercer ojo. Colocado sobre este, favorece la espiritualidad. Situado en la garganta nos dará claridad de mente y autoconfianza para solucionar los pequeños problemas cotidianos y también mejorará el timbre y la calidad de nuestra voz. Por ejemplo, si tenemos que hablar en público, resulta muy eficaz poner un cristal de topacio azul sobre la garganta durante 20 minutos; nuestra voz saldrá clara, tranquila y bien modulada.

Simbología: renovación espiritual y mental.

Piedra zodiacal de correspondencia y protección: Sagitario (22 de noviembre al 21 de diciembre).

Piedra natal, protectora y de la suerte: Escorpio (23 de octubre a 21 de noviembre). Les aporta fuerza e inteligencia.

PROPIEDADES

Curativas: alivia los problemas de garganta y del sueño, disminuye la dilatación de las venas y previene la sordera.

Espirituales: favorece la comunicación con nuestra sabiduría y verdad interior.

Intelectuales: aporta claridad de mente y propicia la comunicación.

Piedra de los chakras: de la garganta (vishuddha) y del tercer ojo (ajna).

AMAZONITA
La piedra del cariño

Color: desde azul verdoso claro hasta azul turquesa

Transparencia: de transparente a translúcida

Dureza: 6-6,5

Raya: blanca

Brillo: vítreo, mate

Fractura: de desigual a concoidea

Energía relajante y amorosa

Si buscamos el equilibrio emocional, la serenidad y la certeza del cariño, la piedra que debemos elegir es la amazonita, un hermoso cristal con un gran poder energético, que nos ayuda a liberarnos de ataduras y bloqueos, nos proporciona seguridad en nosotros mismos, aumenta la autoestima y aleja los miedos. Nos hace percibir con mayor intensidad los sentimientos amorosos recíprocos y sinceros, lo que nos aporta una refrescante sensación de felicidad. Es una piedra de expresión directa del cariño.

También sirve de ayuda y alivio emocional en las situaciones de cambio o de duelo, o simplemente cuando sentimos que nos invade la frustración o la ansiedad. Nos ofrece la certeza del bien, por lo que aleja eficazmente los pensamientos y los sentimientos negativos, la tristeza y el desánimo. En este mismo sentido, actúa contra las energías negativas del ambiente, no permitiendo que nos desequilibren y aportándonos una agradable sensación de calma mental y paz interior.

Efectos curativos

En el ámbito físico, la amazonita también ofrece muchos beneficios, especialmente a las mujeres, pues sus vibraciones se muestran muy eficaces para atenuar las molestias del embarazo y los calambres asociados con la menstruación. También alivia trastornos metabólicos relacionados con la secreción hormonal o la elevación de los niveles de colesterol y triglicéridos, previene los espasmos musculares y los calambres en las articulaciones, y ejerce un efecto calmante sobre el sistema nervioso. Refuerza el sistema inmunológico, mejora los problemas linfáticos y respiratorios, y ayuda a combatir las deficiencias de calcio en el organismo, que pueden causar caries dentales y osteoporosis. En los

casos de deficiencia de calcio, la ingestión de un elixir de amazonita puede resultar favorable para estabilizar los niveles del mineral. Protege de las radiaciones electromagnéticas y de las microondas y suele utilizarse como apoyo en el tratamiento de algunos trastornos sexuales, como la disfunción eréctil.

También es una piedra que ayuda a conciliar un sueño tranquilo y reparador; para conseguirlo, conviene situarla junto a la cama o debajo de la almohada.

SUS PODERES

Simbología: serenidad y cariño.

Piedra zodiacal de correspondencia: Sagitario y Piscis.

Piedra de armonía: favorece la calma mental y la estabilidad emocional; ayuda a la expresión sincera del cariño.

PROPIEDADES

Curativas: alivia las molestias del embarazo y la menstruación, los problemas metabólicos y de absorción deficiente de calcio, y absorbe las radiaciones electromagnéticas

Espirituales: aumenta la seguridad y la autoestima.

Intelectuales: proporciona serenidad y paz mental.

Sabías que...

Si lucimos la amazonita en forma de anillos o pulseras, habrá que colocarlos siempre en la mano izquierda. Si la usamos como un amuleto colgado del cuello, conseguiremos que mejore nuestro sentido del humor y expresaremos el cariño de modo natural. Es muy conveniente llevar con nosotros una amazonita cuando salgamos de viaje, pues nos sentiremos más protegidos y tranquilos. También podemos emplear la amazonita cuando sintamos que nos invaden sentimientos de culpabilidad o de temor; en esos casos, debemos tumbarnos en un lugar silencioso, sin distracciones, colocar la piedra sobre la garganta y vaciar la mente para meditar durante diez minutos.

Piedra de los chakras: del corazón (anahata) y de la garganta (vishuddha).

AJNA
O CHAKRA DEL TERCER OJO

Color: azul índigo
Elemento: luz
Mantra: OM

Sexto chakra

El ajna o chakra del tercer ojo se encuentra ubicado en el centro de la frente, por encima de las cejas. Es un chakra eminentemente espiritual, que nos mantiene conectados con el pensamiento simbólico y la intuición, con la concentración, la conciencia y la percepción interior. Desempeña un papel fundamental dentro del sistema de chakras, ya que favorece las habilidades psíquicas y el autoconocimiento, proporcionando sabiduría y perspicacia. Por estas cualidades, los budistas lo consideran el ojo de la conciencia. Su energía nos dota de un «sexto sentido», actuando como una guía que permite contemplar el mundo que nos rodea a través de nuestra propia luz y sabiduría interior, eliminando el miedo a la muerte del cuerpo físico y favoreciendo el desapego a las cosas materiales. También estimula el desarrollo de la memoria del recuerdo, la capacidad de concentración y el poder de visualizar sin ver, de tener sueños significativos.

Las graves consecuencias de su desequilibro

Un ajna bloqueado total o parcialmente nos provoca graves síntomas en el plano mental, como la falta de asertividad, el egoísmo, el temor al éxito en cualquier ámbito, la pérdida de imaginación y de memoria, una dificultad manifiesta para planificar nuestra vida y la tendencia a un comportamiento obsesivo. A estos signos hay que sumarle los trastornos físicos que produce, como, por ejemplo, visión borrosa y fatiga ocular.

Y tan perjudicial como un flujo de energía insuficiente es un flujo excesivo, que provocará dolores de cabeza, pesadillas recurrentes, depresión, ansiedad, alteraciones del estado anímico, alucinaciones, y trastornos cerebrales y neurológicos.

Para evitar, o al menos reducir, cualquiera de estos desequilibrios resulta muy beneficioso no instalarse en sentimientos abrumadores, como la tristeza, y procurar pasar tiempo en contacto con la naturaleza, aunque solo sea paseando diariamente por algún parque o jardín. También debemos desterrar de la dieta los alimentos ultraprocesados.

Abrir el chakra del tercer ojo

Después de considerar los serios problemas que acarrea un ajna desequilibrado, podremos entender mejor la importancia que tiene la puesta en práctica de diversos métodos para evitar esas situaciones. En el caso de este chakra, la práctica de la meditación con cristales aporta enormes beneficios para favorecer el bienestar y el equilibrio del cuerpo, el alma y la mente. Durante el proceso meditativo, es conveniente repetir el mantra OM mientras practicamos las respiraciones controladas. Si logramos alcanzar un nivel de conciencia profunda, seremos capaces de destruir y liberarnos del karma de vidas pasadas.

Para sanar este chakra también resulta muy provechosa la práctica del yoga kundalini, que combina movimientos repetitivos con meditación y diversas técnicas de respiración y autodesarrollo. La posturas con las que se consigue una mejor alineación de la energía de este chakra son la del equilibrio invertido de brazos (shirshasana), la del arado (halasana), la del niño (balasana) y la del perro hacia abajo (adho mukha svasana). Cualquiera de estas posturas hay que mantenerla durante varias respiraciones.

Shirshasana

Balasana

Adho mukha svasana

LAS PIEDRAS DEL CHAKRA DEL TERCER OJO

Las mejores piedras y gemas para equilibrar el chakra del tercer ojo son las de color azul índigo, como la tanzanita, la azurita, la cianita, la lepidolita, la labradorita, el lapislázuli (consigue el equilibrio entre la intuición y la razón), la turquesa, la turmalina (favorece el crecimiento espiritual), la iolita, la fluorita y el apatito azul. Todas ellas son piedras espirituales que podemos llevar como joyas, especialmente en los momentos en que nos notemos inseguros o debamos hacer uso de la intuición para resolver un problema o una situación complicada. Durante la meditación es conveniente colocar una de estas piedras en el centro de la frente para sentir sus vibraciones benéficas.

Fluorita
Iolita
Labradorita

TANZANITA
La piedra de los artistas

· ·

Color: azul oscuro violáceo

Transparencia: de transparente a translúcida

Dureza: 6-7

Raya: blanca

Brillo: vítreo

Fractura: de concoidea a desigual, frágil

El despertar de la creatividad

La tanzanita es uno de los cristales mágicos que emiten poderosas vibraciones que actúan sobre nuestra mente despertando la creatividad en todas sus facetas, la imaginación y la curiosidad intelectual. Actúa directamente sobre los hemisferios cerebrales, equilibrándolos, activando también la memoria y estimulando la comunicación. Todas estas cualidades convierten a la tanzanita en uno de los amuletos más apropiados para los artistas plásticos, los escritores, los músicos o cualquier otro profesional que precise de esos atributos para desarrollar mejor su trabajo.

La elevación del alma

Esta hermosa piedra se asocia con el sexto chakra, el del tercer ojo, el que favorece la elevación del espíritu y ayuda a alcanzar una conciencia superior. Por eso la tanzanita fortalece la intuición y la clarividencia, estimula las habilidades psíquicas y resulta muy útil durante la práctica de la meditación. Antes mencionábamos que ayuda a estimular y activar el cerebro, lo cual tiene su reflejo a nivel espiritual, donde aumenta la capacidad perceptiva, tanto sensorial como extrasensorial, facilitando la búsqueda de un camino que nos lleve a una mayor grandeza de alma. Y eso se traduce en el plano emocional en un despertar de los sentimientos más nobles, del idealismo y de la comprensión, en una beneficiosa renovación personal que mejora la autoestima y nos empuja a la superación, a luchar por nuestros ideales más desinteresados y por la consecución de las metas que nos pongamos. Estimula los sentimientos positivos y de avance, contribuyendo a que superemos las obsesiones, la depresión y la tristeza. Aporta tranquilidad y paz, por lo que resulta un cristal muy adecuado para las personas que padezcan altibajos emocionales o para quienes deseen protegerse del estrés.

La sanación del cuerpo

Ya a nivel físico, otro de los efectos positivos de la activación cerebral que induce la tanzanita es sobre los sentidos, especialmente la vista y el oído, protegiéndolos de las afecciones y los fallos. También posee propiedades calmantes para las dolencias digestivas y renales, promueve la regeración cutánea y preserva la fortaleza de los huesos, disminuyendo los problemas articulares, la artritis y el lumbago. Regula el sistema cardiovascular y el respiratorio, y combate la tos y la fiebre.

Sabías que...

Este precioso cristal se descubrió muy recientemente, en la década de 1960, en Tanzania. Por esas fechas se produjeron unas violentas tormentas eléctricas que barrieron las colinas cercanas al Kilimanjaro y prendieron fuego a la vegetación. Tras extinguirse el incendio, se comprobó con sorpresa que las piedras de color marrón grisáceo, que antes cubrían el suelo, se habían transformado en unos bellísimos cristales de color azul. Fue en Nueva York, en el Instituto Gemológico de América, donde los analizaron y determinaron que se había descubierto una piedra hasta entonces desconocida y la bautizaron como tanzanita, en honor a su lugar de origen.

SUS PODERES

Simbología: paz y tranquilidad mental.

Piedra de nacimiento: nacidos en el mes de diciembre.

Piedra espiritual y emocional: aporta tranquilidad mental y autoconfianza, aleja las obsesiones y la tristeza.

PROPIEDADES

Curativas: protege la vista y el oído, calma dolencias digestivas y problemas óseos, regula los sistemas cardiocirculatorio y respiratorio, regenera la piel.

Espirituales: es una piedra de renovación y elevación espiritual, muy beneficiosa para la meditación profunda.

Intelectuales: despierta la creatividad, la imaginación y la curiosidad intelectual.

Piedra de los chakras: del tercer ojo (ajna).

AZURITA
Piedra de desarrollo espiritual y personal

Color: de azul celeste a oscuro

Transparencia: de transparente a translúcida

Dureza: 3,5-4

Raya: azul

Brillo: de vítreo a mate o terroso

Fractura: concoidea, frágil

Trabajar sobre la psique

La azurita es una de las piedras más aptas para el desarrollo psíquico y de las emociones. Eleva la conciencia hacia un nivel superior y la intensidad de su frecuencia vibratoria ayuda a desbloquear emociones limitantes que suponen un freno para el crecimiento espiritual. Potencia la intuición y sirve para adentrarse en la meditación y la canalización psíquica; favorece la clarividencia y la realización de viajes astrales de una forma segura.

En el plano emocional ayuda a calmar el estrés, la preocupación y la tristeza, aleja los miedos y las fobias, al mismo tiempo que permite entender el motivo por el que surgieron. También resulta muy favorable para la comunicación, ya que tranquiliza a las personas demasiado nerviosas, consiguiendo que se expresen con mayor claridad, y anima a las personalidades tímidas para que interaccionen con los demás.

A nivel mental, las vibraciones de la azurita expanden nuestro pensamiento, propiciando la claridad y la comprensión, de modo que podamos hallar nuevas perspectivas. Estimula el desarrollo de la inteligencia, la memoria y la capacidad de concentración. Favorece el pensamiento antes que la acción, por eso resulta un amuleto muy apropiado para los profesionales dedicados a la investigación y la innovación.

Acciones curativas

La azurita ayuda en el tratamiento de los problemas de tiroides, de garganta, articulares y de osteoporosis, alivia los dolores de la artritis, tiene efectos positivos sobre el sistema nervioso y la circulación sanguínea, favorece la eliminación de tóxicos del cuerpo actuando sobre los riñones, ejerce una acción beneficiosa sobre la piel, el hígado, la vesícula biliar y el bazo, y acelera los procesos de curación después de una cirugía. Es una buena aliada para las personas que sufren

de vértigos y migrañas. Asimismo, potencia el desarrollo del embrión en el útero materno; por eso se recomienda que las mujeres embarazadas lleven con ellas una de estas piedras desde el momento en que conozcan su estado.

Limpieza y recarga de energía

Conviene limpiar la azurita con cierta frecuencia, sumergiéndola durante unas horas en agua con sal. Después hay que secarla con un paño muy suave para evitar daños. Una vez limpia, se dejará una hora al sol y, a continuación, de tres a seis horas bajo la luz de la luna; de ese modo se recargará y volverá a ser eficaz.

Sabías que...

Para que las vibraciones beneficiosas de la azurita se desplieguen más eficazmente debe estar en contacto directo con la piel, preferiblemente de la mano o del brazo derecho. Para la meditación, tenemos que tumbarnos en un lugar tranquilo y colocar la piedra sobre la garganta o en la frente, encima del chakra del tercer ojo; hay que advertir que en esta última posición a algunas personas les produce palpitaciones y, en ese caso, es preciso retirarla inmediatamente.

SUS PODERES

Simbología: triunfo del espíritu sobre la materia.

Piedra zodiacal compatible: Virgo, Sagitario y Piscis. Los ayuda a obtener más sabiduría.

Piedra de asociación: combinando la azurita con la malaquita se intensifican sus poderes energéticos.

PROPIEDADES

Curativas: alivia diversas dolencias relacionadas con el sistema nervioso, el circulatorio y el aparato digestivo.

Espirituales: facilita la clarividencia y el desarrollo espiritual y emocional, muy útil en la meditación.

Intelectuales: estimula la claridad mental, la memoria y la concentración.

Piedra de los chakras: de la garganta (vishuddha) y del tercer ojo (ajna).

CIANITA
Piedra de energía

Color: azul (raramente, verde, blanca, gris, negra)

Transparencia: de transparente a translúcida

Dureza: 4,5-6

Raya: incolora

Brillo: vítreo

Fractura: astillosa

Poderosa transmisora de energía

La cianita es una de las piedras más empleadas por los litoterapeutas y los sanadores holísticos, ya que posee unas magníficas propiedades como conductora y amplificadora de la energía, lo que ayuda a lograr la armonía y el equilibrio en todos los ámbitos de la persona (físico, emocional, espiritual y mental). Limpia los canales, llamados meridianos, por los que nuestro qi o fuerza de energía vital fluye, logrando así su perfecta restauración. Estimula las habilidades psíquicas y la intuición, y permite alcanzar estados elevados de la conciencia. Por todo esto resulta un cristal excelente para la meditación y también muy adecuado para los procesos de visualización. Otra de sus virtudes es que equilibra las energías yin-yang y ayuda a la limpieza del aura.

Fomenta la perseverancia, la purificación y la autoaceptación; por tanto, incrementa la confianza en uno mismo. Desvincula nuestro espíritu del concepto de fatalismo o destino implacable. Ejerce un efecto tranquilizante y alivia el estrés, la angustia, la ansiedad y el miedo, aunque se desconozcan sus causas; de ese modo, favorece la reflexión serena que posibilita hallar soluciones a los problemas. Aplicada sobre el chakra de la garganta, estimula la comunicación y abre el camino hacia la verdad. Aleja la confusión y los bloqueos mentales, así como los pensamientos y los sentimientos negativos (ira, envidia, egoísmo). Pero, a diferencia de otras piedras, la cianita no retiene esas energías perjudiciales, por lo que no necesita limpiarse; al contrario, es ella la que se emplea para limpiar otros cristales.

Sus beneficios físicos

La cianita es una buena aliada en el tratamiento de vértigos, mareos e inflamaciones, en dolencias de garganta y en problemas urogenitales, de

dolor muscular crónico y de tiroides. Ayuda a bajar la fiebre, ejerce un efecto estabilizante de la presión sanguínea, dificulta la propagación de infecciones bacterianas y víricas, y acelera el proceso de recuperación en los casos de fracturas o después de una intervención quirúrgica, pues estimula la regeneración de los tejidos. Fortalece el sistema esquelético y proporciona mayor agilidad en el movimiento, y actúa como analgésico natural para calmar los dolores de cualquier etiología. También colabora en la regulación de los patrones de sueño, mejora los hábitos de alimentación y es muy eficaz en los tratamientos de acupuntura, debido a su ya mencionada acción de limpieza de los meridianos. Combinando la cianita con la turmalina verde y la moldavita se crean líneas de energía muy positivas como apoyo de tratamientos para ciertos desequilibrios del cerebro, como la epilepsia.

Sabías que...

Aunque el color más frecuente de la cianita es el azul (de ahí su nombre, del término griego *kianos*, que significa «azul»), en algunas ocasiones aparecen cristales verdes o negros. Los primeros abren y desbloquean el chakra del corazón; los segundos ayudan a alinear todos los chakras y favorecen la conexión de nuestro cuerpo con la de la tierra durante el proceso de meditación.

SUS PODERES

Simbología: integra la luz cósmica en nuestra vida.

Piedra zodiacal de correspondencia: Capricornio (22 de diciembre al 20 de enero).

Piedra de potenciación espiritual: ayuda a conectar con nuestro guía.

PROPIEDADES

Curativas: alivia dolencias de garganta, de tiroides y los dolores musculares, baja la fiebre y la presión sanguínea.

Espirituales: espléndida conductora y amplificadora de energía.

Intelectuales: potencia la tranquilidad mental y el pensamiento lógico.

Piedra de los chakras: de la garganta (vishuddha) y del tercer ojo (ajna).

SAHASRARA
O CHAKRA DE LA CORONA

Color: violeta o blanco
Elemento: luz interior
Mantra: AUM

Séptimo chakra

El sahasrara o chakra de la corona se halla en la parte superior de la cabeza, en la coronilla. Es el centro de la espiritualidad y la transformación, de la iluminación, la conciencia pura y el pensamiento dinámico. Es el único chakra cuya energía se representa con dos colores: el violeta, que es el de la luz interior y la voluntad, y el blanco, como símbolo de la vibración más alta, la que cubre todos los colores. Sahasrara, en sánscrito, significa «fundamento» y este es el propósito que persigue la energía que fluye desde este chakra, que alcancemos el estado espiritual que nos permitirá ponernos en conexión, primero, con nosotros mismos y después con la divinidad superior, de modo que podamos llegar a entender el significado de la vida y del lugar que ocupamos en ella. En definitiva, es una guía espiritual.

El alineamiento de su energía

El sahasrara tiene una importancia esencial dentro del sistema de chakras, ya que por él entra en nuestro cuerpo la fuerza vital que proviene de la energía del universo, reforzando nuestra conciencia cósmica. Ejerce una acción poderosa sobre todas las funciones mentales, como la inteligencia o la memoria, de modo que, al fortalecer nuestra conexión espiritual, también nos abre la mente a una mejor comprensión de todo cuanto nos rodea y pertenece al mundo físico. Este sentido de autoconocimiento nos ayuda a tener una clara predisposición hacia el positivismo, favorece que superemos mejor los problemas y aumenta nuestra sensación de bienestar.

Si la energía del chakra de la corona no fluye o lo hace débilmente, sentiremos confusión mental, frustración, falta de alegría y una evidente ausencia de concentración. Por el contrario, cuando el chakra es hiperactivo, nos ocasiona dolores de cabeza, bloqueos emocionales, nos hace más rígidos e impide el crecimiento personal, surgen sentimientos destructivos y se genera una mala conexión con el mundo y las personas que nos rodean, incrementándose la necesidad de dominación.

Terapia energética

Para despertar el chakra de la corona, es decir, para que su energía fluya a través de todo el sistema, podemos recurrir a una serie de prácticas que nos ayudarán en nuestro propósito. Por supuesto, la meditación reforzada por alguna de las piedras asociadas al chakra coronario resultará muy beneficiosa, como también lo será la práctica del yoga, en especial de las posturas de equilibrio invertido de brazos (shirshasana), la postura del loto (padmasana), la de los hombros con apoyo o la vela (salamba sarvangasana) y la del ángulo recostado (supta baddha konasana).

Padmasana

Salamba
sarvangasana

Supta baddha
konasana

LAS PIEDRAS DEL CHAKRA DE LA CORONA

Las piedras y las gemas que equilibran la energía del chakra de la corona deben ser de color violeta o blanco. Entre las primeras están la sugilita, la amatista y la fluorita morada, por citar algunas. Las de color blanco o incoloro, que emiten vibraciones positivas para este chakra, están representadas por el cristal de roca, la apofilita, la selenita y la cincita blancas, el diamante herkimer, la howlita y el topacio blanco.

Durante la meditación se debe colocar alguna de estas piedras sobre la posición del chakra. Asimismo, es conveniente distribuir varios cristales por la casa, en particular en el rincón que utilicemos como santuario o que posea para nosotros un significado más espiritual.

Cristal de roca

Sugilita

Howlita

CUARZO LECHOSO O NÍVEO

Armonía y equilibrio

Color: de blanco a blanco grisáceo

Transparencia: de translúcida a casi opaca

Dureza: 7

Raya: blanca

Brillo: vítreo

Fractura: concoidea

Poder estabilizante

Si hay un cristal al que pueda otorgarse el título de armonizador espiritual es, sin duda, al cuarzo lechoso. Su acción sobre el chakra de la corona hace que vibremos en resonancia con él, que conectemos con el espíritu universal y alcancemos la armonía y el equilibrio interior, no solo a nivel espiritual, sino también físico y mental. Sus vibraciones aumentan las habilidades psíquicas, brindan seguridad y tranquilidad emocional, así como calma y paz a nuestra mente. Disminuyen la ansiedad y los estados de angustia y atraen hacia nosotros la positividad, lo que contribuirá a que afrontemos los problemas desde una óptica diferente, más serena y resolutiva. Por eso se considera una piedra muy adecuada para las personas nerviosas o excesivamente emocionales, ya que ayuda a controlar su génesis y su expresión, a equilibrar estas y consolidarlas, facilitando su manejo. Las vibraciones del cuarzo lechoso también contribuyen a deshacerse de responsabilidades y situaciones limitantes y abrumadoras, al tiempo que potencian sentimientos de nobleza y pureza, proporcionando además la fuerza necesaria para avanzar y salir adelante en nuestra vida.

Esas mismas propiedades se extienden al ámbito de nuestra mente, en el que ejercen una influencia calmante y de equilibrio, creando el entorno adecuado para mejorar nuestras capacidades cognitivas. La memoria y la concentración resultarán beneficiadas, los pensamientos serán más claros y serenos, y la comunicación mejorará notablemente.

Poder protector

Otra de las grandes cualidades del cuarzo lechoso es su poder para protegernos de las malas energías del ambiente y de las que emiten las personas que nos rodean, repeliéndolas, haciendo que se disipen sin dañarnos, y transmutándolas en vibraciones positivas. Es una piedra que atrae la buena suerte y nos resguarda de los ataques psíquicos, como el llamado

mal de ojo, y también de los pensamientos y las emociones que suponen un freno, como la depresión y la tristeza, logrando que alcancemos una serenidad interior y una claridad mental que resultará muy beneficiosa.

Piedra de meditación

Aunque el cuarzo lechoso es una las piedras más energéticas de su grupo, no hay que pensar que resolverá todos nuestros problemas, pero sí ayudará con eficiencia a que encontremos su causa y nos aportará la serenidad y la claridad de juicio necesarias para resolverlos. Conviene utilizarla en las sesiones de meditación una vez a la semana, pero se desaconseja a las personas recién iniciadas.

• •

Sabías que...

El cuarzo lechoso es una piedra excelente para el trabajo en grupo, ya que incrementa el diálogo, la camaradería y la cooperación, haciendo posible la sinergia entre todos los integrantes del equipo y disminuyendo los conflictos y los enfrentamientos. Su efecto en todos los ámbitos es muy similar al del cuarzo transparente o cristal de roca, aunque su acción resulta más suave, pero igual de eficaz.

SUS PODERES

Simbología: pureza, inocencia, nobleza.

Piedra de positivismo y protección: es un cristal que activa los pensamientos y sentimientos positivos y brinda felicidad. Muy eficaz como protección de las malas energías. Se puede usar junto con otros minerales para aumentar sus vibraciones.

PROPIEDADES

• •

Curativas: regula la función hormonal, produciendo bienestar; mejora el sistema inmunológico y previene las infecciones.

Espirituales: ayuda a alcanzar estados de meditación profundos y protege contra las malas energías.

Intelectuales: aporta serenidad y claridad mental.

Piedra de los chakras: de la corona (sahasrara).

SELENITA
Difusora de positividad

Color: incoloro, blanco, amarillo, rosa, pardo claro

Transparencia: de transparente a translúcida

Dureza: 2

Raya: blanca

Brillo: de subvítreo a nacarado

Fractura: astillosa

Claridad y lucidez

La selenita difunde unas finas vibraciones que infunden una paz profunda, calman la mente y facilitan la claridad y la lucidez, creando, en definitiva, un estado muy propicio para la meditación y el trabajo espiritual, para expandir la conciencia y activar el centro de energía de la corona. Es una piedra de equilibrio, que ayuda a vincular y armonizar la energía del aura o cuerpo de luz con la del cuerpo terrenal. Nos permite conectar con vivencias y vidas pasadas, a veces con experiencias dolorosas, pero siempre con la finalidad de superarlas, de sanar las heridas y recuperar el valor, de aprender de los errores y continuar progresando, con una base sólida, en el plan de vida que nos hayamos marcado. Es una piedra de introspección, que favorece el autoconocimiento, el equilibrio y la serenidad, y acrecienta la confianza en nosotros mismos. También permite tener visiones del futuro y favorece la telepatía. A nivel mental, potencia el juicio y mejora la comprensión y, a nivel emocional, ayuda a lograr un estado de relajación y serenidad muy favorable para alejar el estrés y abrirnos a los demás.

Piedra protectora

Otra de las grandes cualidades de la selenita es su intensa acción protectora, capaz de alejar y eliminar los espíritus malignos y las energías negativas de cualquier ambiente. Para lograr este efecto, basta con situar algún cristal en una habitación, junto a una lámpara, para que al iluminar la piedra se difunda eficazmente su energía positiva. Pero si deseamos lograr una mayor protección, convendrá repartir varios cristales en diferentes rincones de la casa; con ello conseguiremos crear una especie de red protectora que mantendrá nuestro hogar aislado de cualquier negatividad. Por su parte, las barras de selenita bloquean las influencias externas sobre nuestra mente.

Alivio para el cuerpo

En el plano físico, las vibraciones de esta piedra ayudan a aliviar los dolores articulares y menstruales, los calambres, las molestias estomacales y las migrañas, fortalece los huesos y los dientes, y aumenta notablemente el deseo sexual. La selenita también se muestra muy efectiva para prevenir la pérdida del cabello, estimular la actividad cardíaca, tratar afecciones de la piel, cuya calidad mejora notablemente, y reducir algunos signos del envejecimiento, como las arrugas. A todos estos beneficios hay que añadir que ayuda a las mujeres para que lleven un embarazo más tranquilo y a bajar la fiebre en el caso de los bebés.

Sabías que...

La selenita sirve para limpiar el ambiente de vibraciones negativas y propicia la relajación, lo que resulta de gran ayuda para tratar cualquier alteración del sueño. Las personas con tendencia a dormir mal deben colocar una pirámide o una torre de selenita en el dormitorio, cerca de la cama y mantenerla en ese lugar durante varias noches. Pronto comprobarán que se dormirán con rapidez y conciliarán un sueño profundo, reparador y de calidad.

SUS PODERES

Simbología: pureza espiritual.

Piedra zodiacal favorable: Tauro (20 de abril al 20 de mayo) y Piscis (19 de febrero al 20 de marzo).

Piedra espiritual: ayuda a conectar con nuestro interior más profundo y a vincular la energía del aura con la del cuerpo.

PROPIEDADES

Curativas: alivia dolores de distinto origen, calma los calambres y disminuye el número y la profundidad de las arrugas.

Espirituales: infunde paz profunda, facilita la lucidez y ayuda a la meditación.

Intelectuales: limpia la confusión mental y mejora la comprensión.

Piedra de los chakras: de la corona (sahasrara).

CALCITA
Dinamizante y limpiadora

Color: blanco o translúcido; a veces amarillo, verde, azul, marrón, rojo, violeta y negro

Transparencia: de transparente a translúcida

Dureza: 3

Raya: blanca

Brillo: vítreo

Fractura: subconcoidea, frágil

Poderosa limpiadora de energías

Colocar un cristal de calcita en una habitación es asegurarnos de que a nuestro alrededor no habrá energía negativa, tal es el poder de esta piedra como limpiadora. También amplifica y moviliza toda nuestra carga energética interior, facilitando la apertura de la conciencia, de la percepción y la intuición, y desarrollando nuestras habilidades psíquicas, por lo que se considera un cristal de desarrollo espiritual. Alivia la tensión emocional y aporta serenidad. Relaja la mente y ayuda a que conecte con nuestras emociones, favoreciendo el desarrollo de la inteligencia emocional, la motivación y la autoconfianza, potenciando la memoria y el discernimiento; por eso se considera un buen amuleto para estudiar.

Recargar los chakras

La calcita se presenta en la naturaleza en múltiples colores y cada uno de ellos activa un chakra diferente y suma una serie de beneficios a los ya descritos. Si alrededor de la cama colocamos una trama hecha con piedras de varios colores, lograremos limpiar y reenergizar todos los chakras.

• **Blanca:** actúa sobre el chakra de la corona y tiene un efecto muy potente como absorbente de emociones tóxicas y de la negatividad del ambiente.

• **Incolora (calcita óptica):** abre la mente, fomenta la reflexión, desarrolla la inspiración y las experiencias extrasensoriales.

• **Azul:** abre el de la garganta y sus vibraciones favorecen la comunicación; ejerce un efecto relajante que nos libera de las emociones negativas; a nivel físico, mitiga el dolor y disminuye la presión arterial.

• **Verde:** estimula el equilibrio de la mente, favorece la comunicación y aleja las malas energías; a nivel físico aporta numerosos beneficios, desde protegernos de infecciones bacterianas hasta reducir la fiebre y acelerar la cura de quemaduras e inflamaciones.

• **Dorada:** se emplea en el chakra del plexo solar para favorecer el estado meditativo.

• **Naranja:** posee un intenso poder energizante sobre el chakra sacro, elimina los miedos y tiene un efecto equilibrante de las emociones que resulta muy útil para superar estados depresivos; físicamente extiende sus beneficios sobre el sistema reproductor y la zona intestinal.

• **Rosa:** es un cristal de energía suave y calmante, de perdón y amor incondicional, que se aplica sobre el chakra del corazón y favorece la autoestima y la confianza.

• **Roja:** situada sobre el chakra del corazón, amplifica la energía y favorece la voluntad y la vitalidad; a nivel físico resulta efectiva para aliviar los problemas de caderas y piernas.

• **Violeta:** atrae los pensamientos positivos y la alegría.

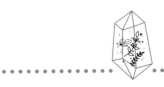

Sabías que...

La calcita también es una buena aliada para la salud, pues fortalece los huesos y las articulaciones, alivia las afecciones de la piel y las molestias intestinales, acelera la recuperación de los tejidos y la cicatrización de las heridas, estimula la coagulación de la sangre, el drenaje de los residuos en los órganos de eliminación y fortalece el sistema inmunitario.

SUS PODERES

Simbología: limpiadora de malas energías.

Piedra zodiacal de correspondencia: la calcita óptica favorece a los nacidos bajo el signo de Leo (23 de julio al 22 de agosto).

Piedra espiritual: abre la conciencia y estabiliza los sentimientos, haciendo que conecten con la mente.

PROPIEDADES

Curativas: fortalece los huesos y las articulaciones, combate los problemas de piel y las dolencias intestinales.

Espirituales: equilibra y limpia los chakras, aporta estabilidad y fomenta el desarrollo espiritual.

Intelectuales: favorece el discernimiento y la memoria.

Piedra de los chakras: la de color blanco actúa sobre el chakra de la corona (sahasrara).

EL ZODIACO Y SUS PIEDRAS PROTECTORAS

Según la astrología tradicional, el Zodiaco es una banda de la esfera celeste dividida en 12 partes iguales, cada una de ellas correspondiente a un signo zodiacal, cuyo nombre deriva de la constelación estelar que contiene. Cada persona, dependiendo de su fecha de nacimiento, pertenecerá a uno u otro signo y tanto su carácter como el desarrollo de distintos aspectos de su vida estarán marcados por la influencia del astro celeste que lleva asociado.

Pero no solo influyen los astros, también las piedras y los cristales, con la poderosa energía vital que encierran y que procede de los confines del universo, ejercerán un influjo positivo en nuestro destino, ofreciendo protección contra las malas energías, propiciando un mejor estado de salud, impulsando el éxito en el trabajo, atrayendo la riqueza y la abundancia o ayudándonos a encontrar esa alma gemela con la que podremos avanzar más felices por la vida. Pero aprovechar estos beneficios depende de que hagamos una buena elección del cristal mágico. Y eso es lo que mostraremos en las siguientes páginas.

LAS PIEDRAS DE ARIES

Fecha: 21 de marzo al 20 de abril
Elemento: fuego
Planeta: Marte

Fuerza y energía

Personalidades fuertes, enérgicas y aventureras, con gran seguridad en sí mismos, de ingenio rápido, una importante capacidad de trabajo y muy fieles en el amor. Esas son, en pocas palabras, las principales características de los nacidos bajo el signo de Aries y que también influyen en quienes lo tienen como ascendente. En general, se trata de personas creativas, generosas, que toman decisiones con rapidez y seguridad, y que tienen un acusado sentido de la lealtad, tanto en el ámbito de la amistad como en el del amor. Suelen ser combativos, atrevidos y audaces, pero no admiten de buen grado recibir órdenes, por lo que suelen preferir el trabajo en solitario, para el que se muestran muy capaces.

Piedras para la salud y el bienestar

Uno de los problemas de salud que más suele afectar a los nativos de Aries son los dolores de cabeza, que pueden llegar a ser tan intensos que provoquen alteraciones visuales. Para aliviarlos, las vibraciones del lapislázuli y la labradorita suelen resultar muy beneficiosas. Otra alternativa es la turquesa, aunque sus efectos no son tan potentes como los de las anteriores, excepto en el caso de padecer cataratas, pues entonces se muestra sumamente eficaz.

Si el problema físico está relacionado con trastornos del metabolismo, falta de vitalidad o estrés, la mejor elección es un cristal de aventurina verde. La misma piedra, pero de color azul, los ayudará a preservar su salud física y mental, al tiempo que aumentará su autoestima. Si los trastornos son de tipo depresivo o guardan relación con las adicciones, el ágata rosa puede convertirse en el mejor aliado.

Pero no hay que olvidar que el bienestar no solo se disfruta a nivel corporal, sino que también debe alcanzar nuestras emociones y, para ello, nada mejor que sentirse protegido contra el mal de ojo y las malas energías procedentes del

ambiente o de algunas personas. Para combatirlas, los nacidos bajo el signo de Aries pueden emplear el jaspe rojo, el ágata roja y el ámbar.

Piedras para la abundancia y la riqueza

Cuando se atraviesa un mal momento económico o simplemente se desea disfrutar de una situación más desahogada, algunas piedras pueden brindar una valiosa ayuda. Es el caso de la pirita, el diamante herkimer (no es un verdadero diamante, sino una variedad de cuarzo), el ojo de tigre, el citrino, el peridoto y la aventurina naranja. Todas ellas atraen el éxito, la abundancia y la prosperidad, pero, además, emiten una gran variedad de vibraciones que proporcionan otros beneficios. Así, la pirita favorece alcanzar un mayor prestigio profesional, el diamante herkimer brinda protección espiritual para saber gestionar esa prosperidad, el ojo de tigre es la piedra por excelencia de la buena suerte, el citrino atrae el dinero y el éxito financiero, el peridoto otorga protección y llama al amor, y la aventurina naranja vibra en sintonía con los tres requisitos del bien vivir (salud, dinero y amor).

Las piedras para el amor

La impulsividad que caracteriza a los nacidos bajo este signo y su dificultad para expresar los sentimientos pueden resultar importantes escollos para que establezcan una relación amorosa, sobre todo porque además le exigen que no sea monótona ni caiga en rutinas. Algunas piedras, como el lapislázuli, la sodalita y el cuarzo rosa, pueden ayudarlos a comunicar sus emociones con mayor fluidez; otras, como el granate, serán un refuerzo para mantener sana la relación de pareja, mientras que también hay cristales que ejercerán un intenso poder de atracción sexual, como es el caso del cuarzo rojo.

LAS MEJORES PIEDRAS PARA ARIES

La más favorable es la sanguinaria o piedra de sangre, cuyas vibraciones energéticas atraen la abundancia y la felicidad, además de ayudar a cumplir los sueños y a ganar más seguridad en uno mismo.
Tan favorables como la sanguinaria son la amatista, el jaspe rojo, los cuarzos rosa y rojo, y el rubí. Aunque cada una emite vibraciones diferentes, todas benefician a los Aries propiciando que canalicen su gran energía interior, su solidez y persistencia. Además, la amatista les brinda sabiduría, protección energética y espiritual; el jaspe rojo aleja la mala suerte y atrae la pasión; el cuarzo rosa da alegría y favorece el amor, al igual que el cuarzo rojo, que también beneficia la salud; por último, el rubí atrae el dinero y la felicidad.

Diamante

Aguamarina

Jaspe rojo

Rubí

PIEDRA DE SANGRE
Piedra de vitalidad y control emocional

• •

Color: de verde oscuro a verde azulado, con puntos rojos brillantes o marrones
Transparencia: de translúcida a semiopaca
Dureza: 6,5 - 7
Raya: incolora
Brillo: vítreo
Fractura: concoidea

En conjunción con Aries

La poderosa energía que emana de esta piedra se asocia con la vitalidad, la fuerza, la pasión y el coraje, unas cualidades que parecen estrechamente unidas a la personalidad de los nativos de Aries, para quienes la piedra de sangre es el cristal más beneficioso en muchos aspectos de su vida. Las personas nacidas bajo ese signo son apasionadas y decididas y esta piedra aumenta su auto-confianza y el control de sus emociones, además de proporcionarles motivación para sacar adelan-te sus proyectos y ayudarlas a pensar con mayor claridad para tomar las decisiones que precisen. También les sirve como amuleto protector, ya que disipa el mal y la negatividad, y aleja cualquier influencia no deseada. Además, atrae la prosperidad, la riqueza y el éxito.

Sanación mental y emocional

La piedra de sangre es un cristal excelente para la meditación, que ayuda a desbloquear el chakra raíz y el del corazón. Es una piedra que ejerce un efecto calmante sobre la mente, revitalizándo-la y contribuyendo a la superación de los momentos difíciles, del desánimo y de la desmotiva-ción. Reduce la irritabilidad y la impaciencia, estimula los sueños y es un potente vigorizante.

Sanación física

Tal como indica su nombre, uno de los fluidos corporales sobre los que esta piedra ejerce su poder es la sangre, ayudando a limpiarla de forma muy eficaz y favoreciendo que haya una buena circulación sanguínea. Ese mismo efecto desintoxicante lo ejerce sobre la linfa, por lo que puede resultar un buen apoyo en las terapias contra la leucemia. Desintoxi-ca diversos órganos, como el hígado, los riñones y el bazo, asegura un buen funcionamiento del corazón, alivia los dolores producidos en el tracto urinario y los derivados de la menstruación, mejora las lesiones de la piel, reequilibra los azúcares y fortalece el sistema in-munológico, evitando las infecciones. También se dice que tiene propiedades afrodisíacas. En general, su efecto revitalizante contribuye a que superemos cualquier trastorno que lleve asociada fatiga o una pérdida de la forma física.

Cómo usar la piedra de sangre

Lo más seguro para disfrutar permanentemente de sus beneficios es llevarla siempre encima, ya sea en forma de amuleto o de pieza de adorno. Para estimular el sistema inmunitario se debe situar encima del timo, una glándula que se localiza en la parte superior del pecho, bajo el esternón; y si lo que se busca es disfrutar de un sueño reparador, lo más aconsejable es sumergir la piedra en un cuenco con agua y colocar este junto a la cama.

Sabías que...

Esta gema espectacular también es conocida como heliotropo, sanguinaria o piedra mártir; unos dicen que porque sus manchas simbolizan la sangre de Cristo, otros porque aseguran que emite destellos de color sangre cuando se coloca dentro de un jarrón con agua y bajo la luz del sol. Pero ahí no termina la magia de esta piedra: en la Edad Media se aseguraba que podía controlar la lluvia y el viento para favorecer las cosechas, así como proteger a los marineros y a sus barcos de la furia de las tormentas.

SUS PODERES

Simbología: vitalidad, protección y fuerza.

Piedra zodiacal: Aries (21 de marzo al 20 de abril). Atrae para ellos la abundancia y la felicidad, y los ayuda a perseguir sus sueños.

Piedra muy beneficiosa: aleja las malas energías y hace sobresalir en el trabajo.

PROPIEDADES

Curativas: mejora la circulación de la sangre y la linfa, revitaliza el organismo y estimula el sistema inmunitario.

Espirituales: ayuda al autocontrol y aleja la negatividad.

Intelectuales: calma la mente, aportando claridad y decisión para afrontar cualquier situación.

Piedra de los chakras: raíz (muladhara) y del corazón (anahata).

DIAMANTE
La reina de las piedras

Color: de blanco a negro, incoloro, amarillo, rosa, rojo, azul, pardo

Transparencia: de transparente a opaco

Dureza: 10

Raya: no se raya

Brillo: adamantino

Fractura: concoidea

La lágrima de Dios

Una piedra preciosa tan especial como el diamante se ha asociado siempre a la máxima pureza y la claridad, al compromiso y la fidelidad, a esa luz que nos puede ayudar a llevar una vida equilibrada y coherente con nuestros principios, a establecer vínculos permanentes y a potenciar el amor en la pareja. Pero, además, también nos aporta muchas otras cualidades deseables, como alegría, vitalidad, fortaleza, valentía, tenacidad y altruismo. Tampoco se debe olvidar la fuerza de atracción que ejerce sobre la riqueza y la abundancia, atrayéndolas hacia el poseedor de la piedra aunque este no busque expresamente esos beneficios.

A nivel emocional resulta muy eficaz para desprenderse del miedo que provocan los cambios, de la ansiedad y de las tensiones, facilitando al mismo tiempo la superación de situaciones difíciles y conflictivas. Tiene propiedades protectoras contra las malas energías, actuando con ellas como si fuera un espejo; es decir, no permitiendo que nos alcancen y reflejándolas hacia quien las haya enviado. Sus beneficios también se extienden al plano mental, ya que aporta claridad de pensamiento al favorecer el establecimiento de un vínculo entre nuestro intelecto y la mente superior. Es un cristal que estimula la creatividad y la imaginación, y promueve la armonía con nosotros mismos y con quienes nos rodean.

Amplificador de energía

Esta es una de las cualidades más destacadas del diamante, que es una de las pocas piedras que no necesita recargarse periódicamente. La poderosa energía que desprende potencia la de cualquier cosa que entre en contacto con ella, tal es su alta frecuencia de vibración. Pero hay que tener precaución, ya que ese efecto amplificador se extiende a todas las energías, tanto positivas como negativas. A nivel espiritual, activa el séptimo chakra, el de la corona, permitiendo la conexión con la luz

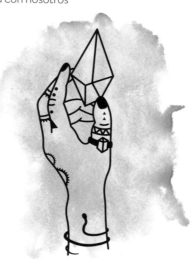

SUS PODERES

Simbología: pureza y claridad.

Piedra zodiacal:
Aries (21 de marzo al 20 de abril). Atrae la abundancia y la felicidad, y los ayuda a perseguir sus sueños.

Piedra muy poderosa: se dice que, para disfrutar de todos sus beneficios, el diamante ha debido adquirirse honestamente.

PROPIEDADES

Curativas: favorece la buena salud y la longevidad.

Espirituales: ayuda conectarse con la mente superior; es excelente para la meditación.

Intelectuales: fomenta la claridad de mente, la imaginación y la creatividad.

divina, haciendo que evolucionemos espiritualmente y limpiando nuestra aura. Es una de las piedras más recomendadas para la meditación y de las que más estimulan la clarividencia, la telepatía y los sueños premonitorios.

Propiedades curativas

Las vibraciones que emanan del diamante ejercen una acción beneficiosa sobre todos los órganos del cuerpo, pero en especial sobre las funciones cerebrales. También aclara la vista y se usa como ayuda en los tratamientos contra el glaucoma, las alergias y las enfermedades crónicas. Reequilibra el metabolismo, fortalece el sistema muscular y bloquea las radiaciones electromagnéticas y otras ondas que emiten algunos aparatos que usamos habitualmente.

Sabías que...

Durante la Edad Media y el Renacimiento, el diamante tenía fama de ser el mejor antídoto contra cualquier veneno; por eso era habitual que tanto los miembros de la realeza como de la aristocracia o de familias poderosas llevasen siempre consigo polvo de diamante, ya que se consideraba que era la única forma de salvarse si alguien atentaba contra su vida empleando el envenenamiento.

Piedra de los chakras: de la corona (sahasrara).

LAS PIEDRAS DE TAURO

Fecha: 20 de abril al 20 de mayo
Elemento: tierra
Planeta: Venus

Armonía y amor

Las personas nacidas bajo el signo de Tauro son equilibradas, generosas, pacientes, meditan durante mucho tiempo sus decisiones y siempre tratan de alcanzar sus objetivos. Les gusta la seguridad y la estabilidad, tener el control de sus vidas y mantener constantes unos hábitos diarios; son conservadoras, incluso tradicionales. También poseen un cierto sentido artístico, una marcada atracción por lo bello, refinado y elegante. Son trabajadores incansables, diligentes, meticulosos, en ocasiones excesivamente perfeccionistas. La parte menos favorable de su carácter es que a veces se dejan dominar por las emociones negativas y que, en caso de conflicto, olvidan toda su paciencia y generosidad y se muestran airados y rencorosos. Para superar este estado, resultan muy beneficiosas las vibraciones de la sodalita y el citrino, que sirven para relajarlos y recuperar la calma interior.

Piedras para la salud y el bienestar

Una de las premisas fundamentales para que los Tauro mantengan una buena salud es el sueño: necesitan dormir bastante y sin interrupciones. Cuando surgen problemas en este aspecto, conviene utilizar el poder de la amatista, que es una piedra muy eficaz para tratar los trastornos del sueño. Sus otros dos puntos débiles suelen ser la garganta y las articulaciones; para aliviar los dolores de la primera ayuda mucho el lapislázuli y para los dolores articulares, la labradorita y la turquesa. Otros cristales que también pueden beneficiarlos en el tema de la salud son el ágata verde, que fortalece el sistema inmunológico y contribuye a la desintoxicación general del organismo, y el cuarzo turmalinado, muy recomendable contra las migrañas y la depresión. Si se trata de alcanzar el bienestar emocional y desprenderse del estrés, debe emplearse el cuarzo blanco.

Piedras para la riqueza y la creatividad

¿Por qué unir el dinero con la cualidad creativa? En los profesionales nacidos bajo este signo es evidente: si en el trabajo la persona se beneficia del poder de un cristal que potencie su imaginación y su talento creativo, será más sencillo generar riqueza. En este sentido, hay dos cristales que deben tenerse siempre cerca: el lapislázuli, que amplifica esas cualidades creativas, y el ojo de tigre, que elimina los potenciales bloqueos que puedan producirse. También, es muy recomendable el topacio, que atrae el éxito y la prosperidad en los negocios, así como otras dos piedras cuyas vibraciones son como imanes para la riqueza y la abundancia, la pirita y el jade verde. Sin olvidar la malaquita, la aventurina verde y el jaspe rojo, que emiten unas vibraciones muy positivas para captar la buena suerte, el éxito y la prosperidad.

Las piedras para el amor

Ya hemos mencionado que las personas de signo Tauro necesitan seguridad y estabilidad; por ello, en el amor se entregan de modo pleno y exigen a su pareja fidelidad e idéntica profundidad de sentimientos. Y lo mismo sucede con las amistades y la familia.

Para preservar y proteger ese amor en cualquier tipo de relación, las piedras más indicadas son el jaspe rojo y el ópalo blanco. El cuarzo rosa resulta especialmente favorable solo cuando se trata de la pareja. En caso de que se produzca una ruptura, a los Tauro se les hace muy difícil superar el resentimiento y los pensamientos negativos; para disolverlos, ayuda mucho el jade verde, que también colabora en la recuperación del equilibrio emocional.

LAS MEJORES PIEDRAS PARA TAURO

La piedra preciosa más favorable para el signo de Tauro es el zafiro azul, cuyas vibraciones energéticas mejoran la sensibilidad de las personas nacidas bajo ese signo y las ayuda a combatir los celos y las inseguridades amorosas. La esmeralda también ejerce una acción beneficiosa muy similar.

Tan favorables como ellas son el cuarzo rosa, muy apropiado para que rompan un poco la rutina y emprendan nuevos caminos, el jaspe océano, que atrae la vitalidad y la alegría, o el ojo de toro, un poderoso cristal de protección contra las energías más densas. Además, ya hemos visto las propiedades benéficas que sobre los Tauro tienen otras piedras como el topacio, el lapislázuli, el ojo de tigre, la amatista, el citrino, el jade verde, la labradorita, el jaspe rojo, la turquesa, la malaquita y la aventurina.

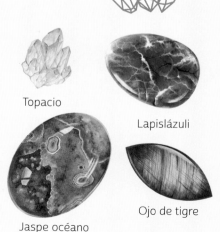

Topacio

Lapislázuli

Jaspe océano

Ojo de tigre

ZAFIRO AZUL
Piedra de prosperidad y sabiduría

Color: desde azul oscuro a azul violeta

Transparencia: de transparente a translúcida

Dureza: 9

Raya: incolora

Brillo: de adamantino a vítreo

Fractura: de subconcoidea a desigual

Mucho más que belleza

Los hermosos tonos azules que luce esta piedra preciosa serán, sin duda, lo primero que nos atraiga de ella, pero detrás de esa belleza hay un cristal benéfico que encierra muchos atributos. Este de color azul, relacionado con el signo zodiacal de Tauro, posee un gran significado espiritual: amplía la visión de nosotros mismos y nos ayuda a encontrar nuestro camino interior; aporta claridad, calma y serenidad al espíritu; favorece la expresión de nuestra propia verdad y nos proporciona un equilibrio integral, que alinea los planos físico, mental y espiritual. Todo ello relacionado con la apertura y el movimiento de las energías del chakra de la garganta y del tercer ojo. Es una piedra que brinda paz interior, muy adecuada para la meditación, capaz de promover sueños lúcidos y liberarnos de bloqueos o problemas que arrastremos del pasado.

Piedra de sabiduría

Pero el zafiro azul no solo aporta beneficios espirituales, sino también emocionales y mentales. Es conocido como un cristal que potencia la nobleza y la sinceridad, la tolerancia y la introspección, que elimina los miedos, aplaca la ira y la tristeza, combate el estrés, fortalece la voluntad y el coraje, devuelve la alegría y desarrolla la confianza en uno mismo y la perseverancia para alcanzar todo lo que se desee. En la pareja fomenta el amor, el compromiso y la fidelidad, y aleja los celos, afianzando de ese modo la unión entre dos seres.

En el plano intelectual está considerada una piedra de sabiduría, que estimula la creatividad y la concentración, al tiempo que calma la excesiva actividad mental, que a veces produce confusión, y ahuyenta los pensamientos negativos. Asimismo, aporta la energía necesaria para llevar los planes a buen término.

La curación física

El zafiro azul regula la hiperactividad y favorece el descanso, al promover el sueño y los pensamientos positivos; para ello, conviene colocar el cristal debajo de la almohada durante varias noches. Alivia las migrañas y los dolores de cabeza, óseos y articulares. Mejora la circulación sanguínea y los trastornos de tiroides, mitiga las irritaciones derivadas de problemas respiratorios y pulmonares, y el picor de los ojos debido a infecciones oculares. Baja la fiebre, detiene las hemorragias y fomenta la regeneración de la piel, el cabello y las uñas. Además, es un buen vigorizante que estimula la vitalidad física.

Sabías que...

El zafiro azul posee propiedades protectoras, por lo que en las ceremonias chamánicas es la piedra que suele utilizarse para transmutar las energías negativas en positivas. También es muy usado por los terapeutas de reiki como ayuda para conectarse con la fuente superior y acelerar la recuperación, ya que es una piedra que contribuye a liberar los sentimientos reprimidos o aprisionados en el subconsciente.

SUS PODERES

Simbología: sabiduría, paz mental y emocional.

Piedra zodiacal: Tauro (20 de abril al 20 de mayo). Potencia su sensibilidad innata y lo ayuda a superar celos e inseguridades.

Piedra de nacimiento: para los nacidos en el mes de septiembre.

PROPIEDADES

Curativas: favorece la vitalidad física, ayuda a conciliar un sueño reparador, regenera la piel, el cabello y las uñas.

Espirituales: eleva nuestra espiritualidad y es muy beneficiosa para la meditación.

Intelectuales: incrementa la sabiduría y la creatividad, favorece la concentración.

Piedra de los chakras: de la garganta (vishuddha) y del tercer ojo (ajna).

ESPINELA
Una piedra revitalizante

Color: rojo, anaranjado, amarillo, verde, azul, violeta, pardo, negro

Transparencia: de transparente a translúcida

Dureza: 7,5 - 8

Raya: blanca

Brillo: vítreo

Fractura: de concoidea a desigual

Energía potenciadora

La espinela o espinel es un cristal con una energía renovadora, tanto en el plano físico como en el espiritual, que aporta vitalidad, favorece el rejuvenecimiento y potencia todos los aspectos positivos de la personalidad. Es una piedra que brinda felicidad y alegría de vivir, aleja la tristeza, la ansiedad y el estrés, los enfados y los resentimientos... En definitiva, es un asistente eficaz para superar los malos momentos y las situaciones difíciles, aportando la determinación y la confianza necesarios. Su energía aporta calma, esperanza y tranquilidad. También es protectora, ya que ayuda a alejar de nosotros tanto los pensamientos negativos como todas las malas vibraciones del entorno. Favorece la apertura de todos los chakras y la ascensión de la energía kundalini a través de la columna.

Propiedades según los colores

Esta piedra se presenta en una gran variedad de colores y cada uno de ellos posee unos atributos especiales que se suman a los que todos, en conjunto, comparten.

• **Rojo:** estimula la vitalidad, la pasión y la fuerza física, abre y equilibra el chakra raíz y eleva la energía kundalini.

• **Anaranjado:** potencia la creatividad, estimula la intuición y la sensación de alegría vital; equilibra las emociones y desbloquea la energía del chakra sacro.

• **Amarillo:** aviva la claridad mental y el discernimiento, incrementa el poder personal y abre y equilibra el chakra del plexo solar.

• **Verde:** favorece los sentimientos de compasión y bondad, estimula el amor, promueve la renovación y equilibra el chakra del corazón.

• **Azul:** actúa favorablemente sobre la capacidad de comunicación, desprende una energía calmante, aplaca el deseo sexual y alinea la energía del chakra de la garganta.

Simbología: vitalidad, rejuvenecimiento y renovación.

Piedra zodiacal: Tauro (20 de abril al 20 de mayo). Hace desaparecer la tristeza y las ideas negativas sobre uno mismo.

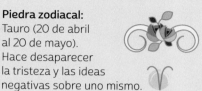

Piedra para el trabajo: es muy favorable para aportar nuevas ideas y da la confianza necesaria para lograr las metas.

PROPIEDADES

Curativas: aporta muchos beneficios, especialmente calmantes y equilibrantes.

Espirituales: promueve la renovación espiritual, favorece el movimiento de la energía kundalini.

Intelectuales: otorga claridad de mente, tenacidad y decisión.

- **Violeta:** nos ayuda a conectar con nuestra propia espiritualidad, favorece los viajes astrales y desbloquea el chakra de la corona.
- **Pardo:** abre la conexión entre el cuerpo físico y la energía de la tierra, por lo que se asocia con el chakra base; ayuda a limpiar el aura.
- **Negro:** ejerce una acción protectora, energética y enraizadora, equilibra el movimiento de la energía kundalini, nos anima a continuar con nuestros proyectos y favorece una mejor comprensión de los problemas.

Sus beneficios físicos

Sus vibraciones resultan muy beneficiosas para aliviar problemas óseos, articulares y musculares, también los trastornos relacionados con los dientes y las encías; favorecen la eliminación de toxinas y la regulación del metabolismo.

Sabías que...

La energía de la espinela combina bien con la de casi todos los cristales. Por ejemplo, asociada con el granate movilizará mejor la energía kundalini y equilibrará más rápido el chakra raíz; si lo que se busca es una mayor portección, habrá que combinar una espinela negra con una turmalina del mismo color.

Piedra de los chakras: actúa sobre los siete chakras según el color del cristal.

LAS PIEDRAS DE GÉMINIS

Fecha: 21 de mayo al 20 de junio
Elemento: aire
Planeta: Mercurio

Fuerza y energía

Si hay un rasgo característico de los nativos de Géminis es su gran facilidad para comunicarse con los demás e integrarse cómodamente en cualquier ambiente. Suelen ser personas cariñosas, amables y sociables, con un buen sentido del humor y muy positivas. También suelen mostrar interés por adquirir nuevos conocimientos, interesarse por los temas más variados y emprender proyectos o actividades que los mantengan en continuo movimiento. Esto les plantea algunos problemas de falta de concentración. Como contrapartida, hay que señalar que pueden ser inconstantes y tienden a no terminar aquello que iniciaron con tanta ilusión; en ocasiones, también pueden mostrarse contradictorios y cambiar con cierta rapidez de opinión o de estado de ánimo.

Piedras para la salud y el bienestar

En general, los problemas físicos que suelen afectar a los Géminis están relacionados con las vías respiratorias altas y bajas, es decir, la garganta, la laringe, los bronquios y los pulmones. Para aliviar cualquier malestar de ese tipo, el cristal más adecuado es el lapislázuli, que ejerce una acción reguladora y desbloqueante. También frecuentes son las alteraciones del sueño debidas a estados nerviosos y agitados; para tratarlos, la mejor piedra es la amatista, que proporciona calma y un sueño reparador.

Cuando el malestar no se debe a problemas físicos, sino a alteraciones emocionales o psicológicas, hay otras piedras que se muestran muy efectivas como apoyo a un tratamiento médico. Es el caso del ágata musgosa, que proporciona paz mental y estabilidad emocional, o del ópalo, muy adecuado para calmar los estados depresivos y los nervios generados por el estrés. Por último, si el trastorno está relacionado con la ansiedad, habrá que emplear algún amuleto de berilo.

Piedras protectoras y para mejorar

Como todos los signos, los Géminis también se pueden ver afectados por las malas energías y los sentimientos negativos del entorno. Para protegerse de unos y de otros, las mejores piedras son el ágata azul, el jade verde y la amatista, todas ellas con intensos poderes para alejar las malas vibraciones, el mal de ojo y las envidias. El cuarzo azul no solo brinda protección energética, sino que también atrae la buena suerte. Cuando se persigue un cambio de trabajo pensando en alcanzar un mayor éxito profesional, la labradorita puede ayudar a que ese cambio se produzca con más rapidez. Y si se trata de lograr un mayor disfrute en ese ámbito de la vida, la malaquita será la aliada perfecta. Muy relacionados con estos cristales están los que se muestran especialmente favorables para alcanzar el éxito, la riqueza y la fortuna, como es el caso del lapislázuli, el ágata cornalina y la aventurina azul.

Las piedras que traen el amor

En general, las personas de este signo suelen ser muy sentimentales y sensibles, necesitan recibir tanto amor como dan, pero no tienen facilidad para expresar sus sentimientos, lo que puede dificultar el establecimiento de relaciones amorosas y de amistad. Para desbloquear ese pudor a mostrar los sentimientos resulta muy efectivo el ametrino o bolivianita, que es un tipo de cuarzo que resulta de la fusión natural del citrino y la amatista; también la turquesa ayuda en esa expresión. Para atraer el amor es mejor recurrir al peridoto y, si se trata de mantener un amor duradero, la piedra es el aguamarina.

LAS MEJORES PIEDRAS PARA GÉMINIS

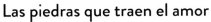

La piedra preciosa más propicia para el signo de Géminis es el ágata, especialmente el ágata musgosa, una piedra que favorece el desarrollo de la característica más sobresaliente de los nativos de este signo, la comunicación. Además, este cristal acrecienta la autoconfianza y el equilibrio emocional. La piedra preciosa alternativa para los Géminis es el topacio, que brinda calma y seguridad, creando un estado de ánimo muy propicio para aprovechar las oportunidades. Otras piedras y gemas beneficiosas son el citrino, que atrae la riqueza, el éxito, la vitalidad y la alegría, además de ayudar a revitalizar la mente; la aventurina verde, que protege la salud y el bienestar y atrae el dinero; la piedra de luna, que aumenta la felicidad, y la turquesa, que resulta favorable para la autoconfianza y el amor.

Ágata

Citrino

Piedra de luna

ÁGATA

La piedra de la armonía y el equilibrio

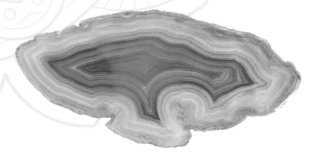

Color: mucha variedad

Transparencia: de translúcida a opaca

Dureza: 6,5-7

Raya: blanca

Brillo: de vítreo a cerúleo

Fractura: concoidea

Poderosa piedra energética

El ágata es la piedra que mejor estabiliza y armoniza las energías positivas y negativas, el yin y el yang, equilibrando el aura y alejando con efectividad las vibraciones negativas del entorno. Además, aporta un buen equilibrio, tanto físico como emocional e intelectual, favorece la autoconfianza y la seguridad en uno mismo, aportando bienestar. Mejora la inteligencia, aleja la ira, la tristeza y la melancolía. A nivel espiritual, favorece la concentración durante la meditación y eleva la conciencia.

Cada color, unos beneficios

• **Azul:** calma la ansiedad, elimina el estrés, mejora la comunicación y la expresión de los sentimientos. Para aumentar estas propiedades, conviene acompañar su uso con técnicas de respiración y meditación. Elimina las energías negativas y protege contra las tragedias. Es beneficiosa para la salud de la garganta, el cuello y los hombros.

• **Roja:** variedad muy conectada con la tierra; atrae la pasión en las relaciones amorosas, pero también aporta esa misma pasión a otros aspectos de la vida. Es muy efectiva para alejar las energías negativas del entorno. Potencia la fuerza y la seguridad y energiza el cuerpo. Como piedra de sanación, protege contra las enfermedades oculares.

• **Verde:** conectada con la naturaleza; infunde serenidad y calma, abre la mente a estados superiores, alejándola del egoísmo. Se relaciona con el chakra del corazón, aportando empatía y paz interior. A nivel curativo, tiene poderes antiinflamatorios y protege el sistema inmunitario y el circulatorio. En el hogar, estimula el crecimiento y la salud de las plantas.

• **Amarillo/ocre:** muy asociada con la mejora de la fuerza de voluntad. Se relaciona con el chakra del plexo solar, favoreciendo la ambición y el intelecto, la compasión y el sentido de la responsabi-

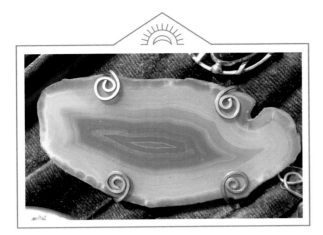

Simbología: equilibrio, estabilidad.

Piedra zodiacal protectora: Géminis (22 de mayo al 21 de junio). Les protege y aporta espiritualidad y bondad.

Piedra energética: efecto calmante, desarrolla la autoconfianza y la aceptación de uno mismo; genera bienestar.

PROPIEDADES

Curativas: elimina las tensiones y facilita la comunicación, aleja la tristeza y las vibraciones negativas, atrae la felicidad y facilita el sueño.

Amorosas: el ágata roja atrae la pasión amorosa y también la pasión por el trabajo o por la vida misma.

Intelectuales: piedra de sabiduría.

lidad. Atrae la alegría y aleja la envidia, mejora las afecciones cutáneas y regula el tracto intestinal. Suele emplearse en rituales de fertilidad.

• **Rosa:** es una de las variedades con mayor poder protector, por lo que se emplea muy a menudo como amuleto. También se usa en rituales energéticos y de protección contra las enfermedades, especialmente las migrañas y los dolores en la parte superior del cuerpo. Espiritualmente, favorece la conexión entre el alma y el cuerpo.

• **Gris:** es una gema de fuerza, que mejora las capacidades físicas y mentales, calma la fiebre y atenúa las alergias.

Cómo usar el ágata

Cuando se trata de procurar beneficios personales, la forma más habitual de usar el ágata es como piedra semipreciosa en collares, pulseras, colgantes, amuletos o cualquier otro objeto para el adorno personal. Si se trata de proteger el hogar, es más efectivo usar las geodas o también objetos decorativos realizados con esta piedra.

Sabías que...

Los antiguos veneraban esta piedra como símbolo de la sabiduría, en Egipto la consideraban efectiva contra las picaduras de escorpiones y arañas, y en la India se consideraba una buena protección contra las enfermedades oculares.

Piedra de los chakras: del corazón (anahata) y del plexo solar (manipura).

TOPACIO IMPERIAL
Recarga física y espiritual

Color: amarillo dorado, anaranjado
Transparencia: de transparente a translúcida
Dureza: 8
Raya: incolora
Brillo: vítreo
Fractura: de subconcoidea a desigual

Un compendio de virtudes

El topacio dorado o imperial es uno de los cristales que reúne mayor número de beneficios, tanto a nivel físico como mental y espiritual. Las vibraciones que emanan de su interior actúan como una batería que nos recarga a todos los niveles. Espiritualmente nos ayuda a conectar con la energía superior del universo y a descubrir nuestros propios valores, nuestra riqueza interior. Purifica nuestra aura y disuelve la negatividad. Nos permite superar las limitaciones, adquirir mayor confianza en nosotros mismos y en nuestras habilidades para completar los objetivos que nos marquemos. Deshace los bloqueos energéticos, despierta la intuición y la clarividencia y facilita la meditación.

Al mismo tiempo, logra que se manifiesten valores como la alegría, el optimismo y la generosidad, y actúa como un imán para hacer que nos rodeemos de personas que nos admiren y aprecien; esta cualidad lo convierte en un cristal muy adecuado para quienes busquen el éxito, la fama y el reconocimiento públicos. Además, a nivel mental, es una piedra que favorece la creatividad y fortalece las capacidades intelectuales, abriendo de este modo el camino hacia nuevas oportunidades y proyectos.

Y por si todos estos beneficios no fueran suficientes para elegir al topacio imperial como una de las gemas más deseables, también hay que mencionar la capacidad que tiene para atraer las buenas oportunidades, la prosperidad y la abundancia material, así como el amor.

Propiedades curativas

A nivel físico, el topacio imperial aporta vigor, tonifica el cuerpo y estimula la regeneración del organismo, por lo que alivia los síntomas de agotamiento, incluso si este tiene un origen nervioso derivado del estrés o la ansiedad. También ayuda a regular el metabolismo, ejerciendo su acción sobre las glándulas endocrinas, el hígado y la vesícula biliar, al tiempo que mejora las digestiones. Es un cristal muy favorable para prevenir los calambres y las lesiones musculares; si se producen, reduce el tiempo de recuperación. Facilita la relajación y, con ello, mejora los trastornos del sueño y elimina las pesadillas.

En general, se puede afirmar que el topacio imperial es un cristal que ayuda al buen funcionamiento de todo el organismo, pues canaliza su energía principalmente hacia los órganos vitales. En cromoterapia, se emplea para aliviar los trastornos relacionados con el sistema respiratorio.

Sabías que...

El topacio es una piedra preciosa que se presenta en la naturaleza en varios colores; el imperial o dorado es el menos común y el más apreciado. Puede convertir en realidad nuestros sueños y ambiciones, así que debemos cuidarlo bien para que conserve su color y sus propiedades; por ejemplo, no debe exponerse mucho tiempo a la luz solar, pues adquiere una tonalidad marrón. Para limpiarlo, lo mejor es emplear agua jabonosa y un paño suave, y ser muy cuidadoso al manejarlo, porque un golpe puede partirlo.

SUS PODERES

Simbología: recarga espiritual, física y mental.

Piedra zodiacal: Géminis (21 de mayo al 20 de junio). Les brinda calma, seguridad y tranquilidad, mejora su comunicación y atrae el éxito.

Piedra de la positividad: ayuda a afrontar la vida con optimismo y alegría.

PROPIEDADES

Curativas: acaba con el agotamiento, ya sea físico o nervioso y favorece la regeneración celular.

Espirituales: nos conecta con la fuerza universal y promueve la recarga espiritual.

Intelectuales: aporta creatividad, claridad de mente y hace crecer las capacidades intelectuales.

Piedra de los chakras: del plexo solar (manipura).

LAS PIEDRAS DE CÁNCER

Fecha: 21 de junio al 22 de julio
Elemento: agua
Astro: Luna

Emocionales y muy familiares

Hay dos características principales que marcan la personalidad de los nacidos bajo el signo de Cáncer. La primera de ellas es su elevada hipersensibilidad, que los hace muy vulnerables y cautelosos; en general, apuestan por esconderse tras un caparazón que los proteja ante posibles daños emocionales y les permita huir de conflictos que los puedan afectar. Aunque también son tercos y los disgusta mucho que las cosas no fluyan en el sentido que ellos quieren. Al estar bajo el influjo de la Luna, suelen vivir continuos altibajos emocionales. La segunda característica es su gran apego a la vida familiar, que disfrutan de forma plena cuando transcurre equilibrada y en armonía; son personas leales y protectoras, a las que entristece profundamente cualquier comportamiento brusco o inadecuado en su entorno. Además, los nativos de Cáncer están bajo el influjo de la Luna, por lo que suelen ser personas intuitivas y muy creativas.

Piedras para la salud

Los principales problemas de salud a los que tendrán que hacer frente los Cáncer estarán relacionados con el sistema digestivo. Para paliar las molestias digestivas, un buen aliado será el citrino, que estimula el buen funcionamiento de esos órganos. Este cristal también será muy beneficioso para controlar los miedos ante los imprevistos, así como otro de los trastornos más frecuentes de este signo, que es el nerviosismo y la ansiedad provocados por situaciones que escapan al control de su persona.

Piedras para el éxito en el trabajo

Ya hemos indicado que los Cáncer suelen ser individuos muy creativos, por lo que tanto las profesiones artísticas (diseñador, decorador, etc.) como las de investigación pueden reportarles muchas satisfacciones, éxito y notoriedad. Su desarrollo resulta especialmente favorable si se centra en entornos reducidos, no en grandes empresas, ya que en los primeros puede crear esos lazos y vínculos afectivos, incluso familiares, que tanto aprecia. De nuevo, los cristales de citrino pueden ser de mucha ayuda también en este ámbito, pues favorecen el crecimiento de la imaginación, multiplican la capacidad de concentración y facilitan ese ambiente tranquilizador y estable que tanto aprecian los nativos de este signo. En caso de que se produzca algún bloqueo de la creatividad, la piedra más eficaz será el ojo de tigre. Y si surgen malas energías en el entorno laboral, habrá que acudir al aguamarina para protegerse de ellas.

Las piedras para el amor

Cáncer es el signo más emocional del Zodiaco, ama profundamente y es leal hasta el final. Su carácter emotivo y la importancia que concede a la familia y a la amistad hace que sea una pareja muy estable y en la que se puede confiar. Con la persona que escoja para acompañarlo se mostrará romántico y protector, a veces un poco posesivo, ya que tiende a sentir algunas inseguridades que desembocan en celos. El citrino puede ayudar a incrementar la confianza y el respeto en la pareja, y es que más vale no traicionar a un Cáncer en el amor, pues se mostrará rencoroso y no perdonará los errores con facilidad. El rubí también se muestra muy efectivo para equilibrar las sensaciones conflictivas y lograr una sensación de estabilidad y calma que favorecerá cualquier tipo de relación. Y, por supuesto, el cuarzo rosa, que es la piedra del amor por excelencia, también conseguirá una mejor sintonía con la pareja al estimular las emociones positivas y conceder menos importancia a las negativas.

LAS MEJORES PIEDRAS PARA CÁNCER

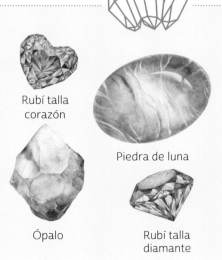

La piedra preciosa más favorable para el signo de Cáncer es la esmeralda, que le brinda seguridad en todos los aspectos de la vida, lo protege de las malas vibraciones y atrae la suerte y la fortuna. Además, fomentará su imaginación y creatividad, controlará su emocionalidad y su cautela y lo ayudará a disipar el mal humor y mostrarse más comprensivo. Unos efectos muy similares tiene la piedra de luna, que también, resulta muy efectiva para calmar las mareas emocionales que suelen afectar a los Cáncer.

Otras piedras y gemas beneficiosas son la aventurina, el coral, la calcedonia blanca, el jade, la obsidiana y la turmalina negra, la perla, el cristal de roca y el ópalo.

Rubí talla corazón

Piedra de luna

Ópalo

Rubí talla diamante

ESMERALDA
Piedra de la sanación

Color: verde profundo
Transparencia: de transparente a translúcida
Dureza: 7,5 - 8
Raya: blanca
Brillo: vítreo
Fractura: de concoidea a desigual

Encontrar la armonía

Lograr el equilibrio entre el espíritu, el cuerpo y la mente es una de las aspiraciones del ser humano, ya que esa situación le permitirá alcanzar la paz y la armonía consigo mismo, con las personas del entorno y con el medio en el que vive. Si esa es la meta, la esmeralda puede resultar una buena aliada, pues sus vibraciones son equilibrantes, favorecen las acciones positivas y eliminan la negatividad; las relaciones, ya sea dentro del ámbito familiar, entre las amistades o en el amor, se verán favorecidas y discurrirán entre la unión y la comprensión, en un ambiente de calma, apertura, cooperación y buen entendimiento. Es un cristal que ayuda a disfrutar de la vida plenamente.

En el plano espiritual, eleva las vibraciones del aura, potencia la clarividencia y favorece la sanación de las emociones negativas. Abre nuevos caminos espirituales y nos protege de la envidia y las energías negativas del entorno. En el plano mental, la esmeralda se convierte en una piedra de conocimiento, que estimula el aprendizaje y acrecienta la memoria; también fomenta el discernimiento, lo que ayuda a tomar decisiones más fundamentadas, y mejora la elocuencia y las dotes para la comunicación.

Dinero y amor

Las vibraciones de este hermoso cristal verde atraen la prosperidad, la riqueza y la abundancia, al tiempo que proporciona estabilidad financiera. Y cuando se trata del amor, es una garantía de éxito, que aumenta nuestro poder de atracción y la forma en que la pareja percibe nuestras cualidades personales.

La sanación física

La esmeralda es una buena aliada para acelerar la recuperación física después de cualquier enfermedad, en particular si es de tipo infeccioso, ya que fortalece el sistema inmunológico. También alivia el reúma y la diabetes, desintoxica el hígado y el páncreas, favorece las buenas digestiones y mejora la visión. Puede resultar una ayuda eficaz en el tratamiento de trastornos que afecten a los pulmones, el corazón, los músculos, las articulaciones y la columna vertebral. Se dice que situada en el cuello puede prevenir o detener los ataques de epilepsia, aunque como siempre sucede en litoterapia, no existen pruebas que puedan corroborar este hecho de manera irrefutable..

Sabías que...

La forma más efectiva para disfrutar de los poderes de la esmeralda es llevándola en los dedos anular o meñique si está engarzada en un anillo, en el brazo derecho si se trata de una pulsera o alrededor del cuello, en collares o colgantes. Cuando se quiere utilizar para la sanación física, hay que situarla sobre la parte afectada. Y si se desea purificar el ambiente del hogar, eliminando las malas energías y atrayendo la abundancia, basta con situarla en un lugar destacado y donde nos relacionemos frecuentemente con otras personas. Pero hay que hacer una advertencia: no conviene hacer un uso continuado de esta piedra preciosa, pues podría activar emociones negativas.

SUS PODERES

Simbología: regeneración espiritual, física y material.

Piedra zodiacal: Cáncer (21 de junio al 22 de julio). Los ayuda a asimilar sus emociones y reduce sus cambios de humor. Favorece su crecimiento personal.

Piedra del amor: la esmeralda fomenta la unión de la pareja.

PROPIEDADES

Curativas: acelera la recuperación de las enfermedades, mejora la visión y ayuda en el tratamiento de diversas dolencias.

Espirituales: potencia la clarividencia y la sanación de emociones negativas.

Intelectuales: estimula el aprendizaje y acrecienta la memoria.

Piedra de los chakras: corazón (anahata).

PIEDRA DE LUNA
Con energía femenina

Color: incoloro, blanco, gris, amarillo, azul, verde, naranja suave, rosa, pardo rojizo, arcoíris
Transparencia: de transparente a translúcida
Dureza: 6 - 6,5
Raya: incolora
Brillo: vítreo
Fractura: de concoidea a desigual

Una piedra de equilibrio

A simple vista, la cualidad más sorprendente de esta gema es su capacidad para reflejar la luz, que se manifiesta como un destello que emitiese desde el interior; el efecto es muy similar al que produce la Luna al reflejarse en una superficie de agua. Pero no es solo belleza lo que encierra esta hermosa piedra, sino también multitud de beneficios. Básicamente, su energía representa el equilibrio, tanto del cuerpo como de la mente y del espíritu; es una energía calmante que favorece el logro de la paz y el bienestar, así como el crecimiento interior de la persona, al hacer renacer lo más positivo, lejos de cualquier conflicto interno.

Es un cristal espiritual, que fomenta en especial la parte yin de las personas; es decir, el principio femenino. Potencia la intuición, desarrolla la sensibilidad, ayuda a tomar decisiones, despierta la empatía y la tolerancia hacia los demás, y combate la ansiedad, el estrés y todos los problemas relacionados con esas situaciones. También aumenta la creatividad y la inteligencia.

Un cristal de fertilidad

En el plano físico, el principal efecto benéfico de la piedra de luna es sobre la fertilidad femenina y con esa finalidad se lleva empleando desde hace muchos siglos, siempre en forma de joya o amuleto que debe acompañarnos pegado a la piel. Además, equilibra el sistema hormonal femenino, calma las molestias relacionadas con la menstruación y la menopausia, y alarga el periodo de lactancia tras el parto. También regula la circulación sanguínea y el buen funcionamiento de la glándula tiroides, mejora la piel, las uñas y el cabello, tiene propiedades drenantes, por lo que reduce la retención de líquidos, acelera el proceso de curación y reduce la convalecencia; por último, permite disfrutar de un sueño reparador.

Las propiedades de cada color

Dependiendo del efecto que deseemos potenciar, deberemos elegir la piedra de luna de un color determinado. La blanca otorga paz, positividad y confianza; la de color gris fomenta el equilibrio mental y la inteligencia; la amarilla favorece la sabiduría, la alegría y la calidez, y atrae el éxito; la de color azul, que es una de las más apreciadas, resulta beneficiosa para la fertilidad y la salud en general, y ayuda al equilibrio emocional y a la creatividad; la verde es una piedra de prosperidad, buena suerte y armonía; la naranja aporta vitalidad y favorece el compromiso; y la piedra de luna arcoíris es la más apropiada para despertar la sensibilidad y la espiritualidad.

Sabías que...

La energía de la piedra de luna solo es compatible con la de otros cristales de propiedades espirituales, como la amatista, el aguamarina, el cristal de roca y el cuarzo rosa. Hay que evitar combinarla con piedras que, aún siendo espirituales, posean una energía muy intensa, como es el caso del granate, la malaquita, el jaspe rojo o la turmalina negra. La peor asociación es con el ojo de tigre.

SUS PODERES

Simbología: equilibrio, renacimiento espiritual y fertilidad.

Piedra zodiacal: Cáncer (21 de junio al 22 de julio). Les brinda seguridad, suerte y protección. También favorece a Libra y Escorpio.

PROPIEDADES

Curativas: incrementa la fertilidad femenina y actúa, sobre todo, como reguladora de cualquier trastorno relacionado con el ciclo reproductor de la mujer.

Espirituales: potencia la clarividencia y la sanación de emociones negativas.

Intelectuales: aumenta la creatividad y la inteligencia.

Piedra de los chakras: de la garganta (vishuddha) y el tercer ojo (ajna).

LAS PIEDRAS DE LEO

Fecha: 23 de julio al 22 de agosto
Elemento: fuego
Astro: Sol

Vitalidad y dominancia

Impetuosos, dominantes, muy voluntariosos, vitales y difícilmente accesibles; esas son algunas de las características más sobresalientes de la personalidad de los nativos de Leo, un signo que impregna con la brillante luz del Sol a quienes han nacido bajo su influjo. Generalmente son personas decididas y orgullosas de sí mismas, incluso un poco vanidosas, a las que les gusta mostrar esos rasgos de su carácter a los demás e imponerse sobre ellos. Como contrapartida, son generosas y bien organizadas, honestas, y con un gran sentido de la responsabilidad y la fidelidad; además, resultan divertidas y están llenas de vitalidad.

Piedras para la salud

Por lo general, los nativos de Leo suelen gozar de buena salud, pero, cuando se presenta algún trastorno, este suele ser grave y afectar a órganos vitales. Por eso, como prevención, resulta conveniente que los fortalezca. Para vigorizar el corazón puede emplear unakita, cuarzo rosa o malaquita. Esta última piedra también es eficaz para combatir la debilidad del sistema esquelético y aliviar el dolor muscular.

Piedras para el éxito

Los Leo son líderes natos en cualquier ámbito de la vida y, por supuesto, también en el terreno laboral. Su ambición y su deseo de escalar a la cima profesional suele ir acompañada del éxito, ya que son organizados, con una gran creatividad y capacidad de trabajo y muy hábiles en la gestión; además, saben rodearse siempre del grupo de personas más competente. Pero su falta de tacto y su fuerte carácter a veces pueden hacerle incurrir en estados de ira y fuertes enfados. En esas situaciones

es conveniente la proximidad de un cristal de citrino, que con sus vibraciones ayudará a restablecer la calma y la paz interior. Si el conflicto lo ha ocasionado una mala comunicación, el lapislázuli resultará más eficaz. Si se trata de un bloqueo de las capacidades creativas, el cristal más adecuado será el ojo de tigre que, además, impulsará el desarrollo de ese talento y lo protegerá de las energías negativas y la envidia que pueden rodear a las personas tan competentes. De igual modo, la cornalina también fomenta la creatividad y, por añadidura la pasión y la vitalidad.

Piedras para el amor

Toda la fortaleza y el carisma que acompaña habitualmente a los Leo se derrumba cuando se ven obligados a enfrentarse a un fracaso sentimental. Y es que son personas muy leales, sinceras y francas, que se entregan sin reparos a quienes aman, pero que también necesitan sentir el reconocimiento y la felicidad de su pareja. En este sentido, el rubí y el granate pueden ser de gran ayuda, ya que impulsan el entusiasmo para reavivar una pasión existente o para iniciar una nueva relación. En caso de que la relación se haya roto, el citrino puede ayudar a superar la decepción y el sentimiento de fracaso.

LAS MEJORES PIEDRAS PARA LEO

La piedra preciosa protectora por excelencia de Leo es la olivina o peridoto, un mineral que en Egipto se conocía como la «piedra del Sol». Sus vibraciones energéticas promueven la amistad y alejan los malos pensamientos y la envidia; además, crean una mejor comprensión del orden natural de la vida, potencian la generosidad y el entusiasmo, y disminuyen el ansia por dominar y la intolerancia, dos aspectos que suelen aparecer en los nacidos bajo este signo. Muy efectivo es también el ojo de tigre, que combina la energía de la tierra y del Sol para frenar la impulsividad de Leo y fomentar en él la confianza y la alegría. Otras piedras y gemas alternativas que también emanan vibraciones que les proporcionan grandes beneficios en diversos ámbitos de la vida son el diamante herkimer, el ópalo, la amatista, que emite una energía calmante para equilibrar su pasión, el topacio dorado, el ámbar, la labradorita, el cuarzo rutilo y el cristal de roca, el ágata negra, la calcita óptica y la labradorita amarilla. La rodocrosita y el cuarzo rosa suavizan los bloqueos derivados de su orgullo y testarudez, y el ónice los protege, aportándoles valor, seriedad y formalidad.

Ojo de tigre

Ópalo

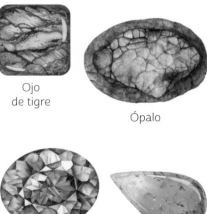

Amatista

Ámbar

PERIDOTO
La piedra de la felicidad

Color: verde oliva

Transparencia: de transparente a translúcida

Dureza: 6,5 - 7

Raya: blanca

Brillo: vítreo

Fractura: concoidea

Avanzar y evolucionar

El peridoto u olivino es un cristal espiritual, que limpia y protege el aura, nos conecta con nuestra propia sabiduría y abre la conciencia a nuevas posibilidades de crecimiento. Su energía conecta con la del chakra corazón, lo que favorece el desapego y el abandono de cargas y obsesiones. Es una piedra que mejora nuestra conexión con el universo, nos purifica y nos aleja de pensamientos, emociones e influencias negativas, potenciando el buen ánimo y el bienestar, y atrayendo la felicidad a nuestra vida.

La «gema del sol», como la llamaban en Egipto, promueve la amistad y las relaciones, potencia la autoconfianza y la fe en nosotros mismos y, a la vez, reduce el estrés, los celos, el resentimiento y la ira, y calma los miedos y los sentimientos de culpabilidad. Toda esta serie de beneficios nos hacen avanzar y evolucionar, aceptando los cambios que sean necesarios introducir en nuestra vida, mirando con esperanza hacia el futuro y contemplando el pasado como una serie de experiencias que han forjado nuestro aprendizaje.

La sanación física

A nivel curativo, ayuda a regenerar los tejidos, hace que el cuerpo recupere la vitalidad y embellece la piel al liberar de toxinas el organismo. Regula las funciones del sistema endocrino y de diversos órganos, como el hígado, la vesícula y el intestino, mejora la circulación sanguínea y los trastornos pulmonares, calma el dolor de las picaduras de insectos y facilita un sueño reparador. Ayuda a la cicatrización de las úlceras estomacales y es un buen complemento en el tratamiento de ciertos problemas oculares, como la miopía y el astigmatismo. Durante el parto, activa las contracciones y reduce el dolor. También suele utilizarse como piedra de masaje para eliminar la grasa corporal.

Piedra para una vida larga y feliz

Una de las propiedades mágicas más interesantes del peridoto es su capacidad para ayudar a resolver tanto los problemas emocionales, como los corporales y los espirituales, y no hay que olvidar que la falta de conflictos con las personas es la base principal para que disfrutemos plenamente de la felicidad.

Sabías que...

Las vibraciones que desprende esta hermosa piedra son tan poderosas que basta con sostenerla en la mano y relajar la mente y el cuerpo para que sintamos que nuestro ánimo mejora, que notamos una nueva alegría y entusiasmo. Si lo que deseamos es que nos proporcione un sueño reparador, habrá que colocarla bajo la almohada junto a un trocito de oro. Y si tenemos ante nosotros largas horas de estudio, un cristal colocado sobre la mesa nos dará perseverancia para continuar con la tarea. También es muy beneficiosa para eliminar los bloqueos del chakra corazón, que se manifiestan, entre otros síntomas, con subida de la tensión arterial, falta de empatía y miedo a la intimidad; en esos casos, habrá que recostarse y colocar un cristal de peridoto sobre el pecho, o llevarlo todo el día pegado a la piel en forma de amuleto o colgante.

SUS PODERES

Simbología: luz y magia.

Piedra zodiacal: Leo (23 de julio al 22 de agosto). Potencia su generosidad y su entusiasmo, y proporciona una mejor comprensión de la vida. También beneficia a Virgo.

PROPIEDADES

Curativas: regenera los tejidos, embellece la piel, regula las funciones orgánicas y nos da vigor.

Espirituales: aumenta la asertividad, la paciencia y disipa las energías negativas.

Intelectuales: proporciona claridad de pensamiento y la apertura de la mente.

Piedra de los chakras: corazón (anahata).

CRISOCOLA
Piedra de calma y paz interior

Color: azul, azul verdoso
Transparencia: de translúcida a casi opaca
Dureza: 2-4
Raya: azul clara
Brillo: de vítreo a terroso
Fractura: de desigual a concoidea

La reina de la armonía

La crisocola es, por excelencia, un cristal de apaciguamiento y serenidad; una hermosa piedra que elimina la ansiedad, los conflictos y las emociones negativas; que favorece la amabilidad, la compasión, la paciencia y el perdón; que estrecha los vínculos emocionales y equilibra los sentimientos. Todo ello resulta muy apropiado para canalizar adecuadamente la impetuosidad y el carácter dominante de los Leo. Al alinear el cuerpo físico con la mente y las emociones, potencia el empoderamiento personal, ayuda a ganar autoconfianza y desarrolla la creatividad y la motivación; hace que nuestros talentos salgan a la luz. Aporta alegría y, mentalmente, reduce la tensión y favorece la imparcialidad. También atrae la suerte y la prosperidad a los negocios y llega a ser muy favorable para las relaciones personales, especialmente para las de pareja, ya que mejora la comunicación y la tolerancia, al tiempo que fortalece el respeto.

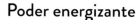

Poder energizante

Es una piedra que desarrolla la intución, lo que la convierte en un material muy adecuado para la meditación, pues invoca nuestra energía interna y nos hace tomar conciencia de nuestro yo más profundo. Se asocia con la energía de varios chakras: situada en el sacro, facilita que la energía universal penetre en nuestro cuerpo físico; colocada en el plexo solar, ayuda a expulsar las emociones negativas y destructivas; sobre el del corazón, aumenta la capacidad de amar y disminuye la pena; en el de la garganta, desarrolla la capacidad de comunicación y de expresión; y en el del tercer ojo, nos abre hacia las visiones psíquicas. Su energía es calmante, limpiadora y regeneradora. Al mismo tiempo, es una piedra muy favorable para ayudar a que descubramos tanto nuestros dones como nuestras debilidades, fomentando el crecimiento personal.

Piedra de salud

En el plano físico también aporta muchos beneficios, siendo un excelente alivio para los dolores, especialmente de garganta, de espalda y articulares. Mejora la coordinación motora, reduce la fiebre y la presión sanguínea, regula la producción de insulina y favorece el buen funcionamiento de diversos órganos, como el hígado, los riñones o el intestino. Resulta un gran apoyo en el tratamiento de las lesiones provocadas por quemaduras y en las enfermedades óseas, pulmonares y digestivas; aumenta el vigor y la fortaleza física, fortalece la musculatura y alivia los espasmos. En las mujeres, regula los ciclos hormonales, calma las molestias premenstruales y menopáusicas, favorece el desarrollo del feto durante el embarazo y alivia el dolor en el parto.

Sabías que...

Como la crisocola no actúa como piedra de protección contra las malas energías, no requiere de una limpieza especial para descargarla y volverla a recargar; basta con limpiarla con un paño o un cepillo suave para eliminar el polvo. Una advertencia: ¡nunca emplear agua! Al ser una piedra porosa, si se limpia con agua, aborbe el líquido y se vuelve quebradiza.

SUS PODERES

Simbología: serenidad y salud física y emocional.

Piedra zodiacal: Leo (23 de julio al 22 de agosto). Los ayuda a ser más tolerantes y reduce su afán de dominar sobre los demás.

También resulta favorable para los signos de Tauro, Libra y Acuario.

PROPIEDADES

Curativas: alivia dolores de diversa índole y es muy favorable para las mujeres.

Espirituales: fortalece el equilibrio espiritual y actúa sobre la energía de casi todos los chakras.

Intelectuales: reduce la tensión mental y favorece la imparcialidad.

Piedra de los chakras: sacro (svadhisthana), plexo solar (manipura), corazón (anahata), garganta (vishuddha) y tercer ojo (ajna).

LAS PIEDRAS DE VIRGO

Fecha: 23 de agosto al 22 de septiembre
Elemento: tierra
Planeta: Mercurio

Racionales y perfeccionistas

Las personas nacidas bajo este signo están dominadas por la racionalidad; por lo tanto, son lógicas, analíticas, metódicas, ordenadas y serias. Perfeccionistas en alto grado, exigen ese nivel de perfección tanto en ellas mismas como en los demás, lo que puede llevar a que se muestren muy críticas ante aquello que consideren un error. A ello se une que son sensatas, muy observadoras y eficientes en todo cuanto emprenden y, en consecuencia, odian los cambios inesperados y perder el tiempo en lo que puedan considerar trivialidades; esto hace que, a veces, quizá resulten algo quisquillosas. Asimismo, pueden ofrecer una imagen de frialdad, inseguridad y excesiva cautela, pero nada más alejado de la realidad, ya que son personas siempre dispuestas a ayudar a los demás, incluso sacrificando con este fin su propio bienestar si es necesario; la causa de esa falsa impresión es su gran timidez. Y también es esa timidez la que les ocasiona problemas para comunicarse adecuadamente; en este sentido, la malaquita puede convertirse en una aliada, pues propiciará un cambio de hábitos, una superación de sus trabas para avanzar y abrirse a quienes las rodean.

Sus piedras para la salud

A menudo, los nativos de Virgo sufren de problemas digestivos derivados de una mala gestión de sus emociones. En estos casos, la sodalita puede resultar de gran ayuda; también la amatista, que alivia este tipo de dolencias y favorece el desarrollo de la flora intestinal, o el citrino, que es un buen aliado contra el estreñimiento. Tampoco hay que descartar que algunos de esos trastornos tengan un origen psíquico y estén ocasionados por una falta de autoconfianza; en esas situaciones, tanto la malaquita como el cuarzo rosa pueden servir de apoyo al incrementar la seguridad y el deseo de avanzar y cambiar; esos cambios a nivel emocional se reflejan positivamente en la salud física.

Las piedras para el éxito

En el terreno laboral, Virgo es un trabajador incansable, perfeccionista y con una gran perseverancia y fuerza de voluntad. Para tener éxito en el trabajo no necesita reforzar esos aspectos, pero sí su autoconfianza y el logro del respeto por parte de sus compañeros. En esta tarea resultan muy beneficiosas las energías del citrino, el cuarzo rosa y la turmalina negra. Nunca se debe despreciar cualquier ayuda. Si lo que desea es potenciar su creatividad, la cornalina puede resultar una buena opción.

¿Y las piedras para el amor y la amistad?

La dificultad natural que tienen los nativos de Virgo para expresar sus sentimientos será, sin duda, un inconveniente importante para hallar el amor y la amistad sincera. Piedras como el lapislázuli y la sodalita les pueden resultar favorables para comunicarse y mostrar sus emociones, pero no son milagrosas. El primer requisito es que quiera comprometerse y que no abandone la relación ante el primer conflicto que surja; y, por supuesto, que no culpe a su pareja del problema, algo que suele suceder. Buscar el apoyo de la malaquita, que fortalece los lazos afectivos, o del jaspe, la turquesa y el cristal de roca, que generan calma y energía positiva, pueden contribuir en ese proceso de alcanzar la felicidad plena.

LAS MEJORES PIEDRAS PARA VIRGO

La piedra preciosa más favorable para el signo de Virgo es la cornalina, un cristal de inspiración que lo ayudará a asumir la realidad y a estabilizar su energía, ejerciendo un efecto calmante y muy positivo para lograr la paz interior. Además, potenciará sus sentidos, le permitirá disfrutar de las cosas cotidianas y ejercerá su influencia sobre los aspectos menos positivos de su personalidad, favoreciendo que supere su timidez y su afán de perfeccionismo, y potenciando, al mismo tiempo, la confianza y el sentido práctico.

La piedra alternativa a la cornalina y con unas propiedades similares es el jaspe, tanto rojo como verde. También favorable resulta la amatista, que ayudará a mantener la mente en equilibrio y a relajar ese deseo de perfección tan característico de los Virgo. En cuanto al zafiro, es el cristal de la confianza, el que estimula el desarrollo de las mejores cualidades y potencia el disfrute de la vida plena. Otros cristales que también emanan vibraciones beneficiosas son el ámbar, el citrino, el cuarzo ahumado, el cristal de roca, el ojo de toro, la fluorita verde, la sodalita, el rutilo y la prehenita.

Cornalina

Zafiro azul

Cuarzo ahumado

Citrino

CORNALINA
Piedra de vitalidad y fortaleza

Color: rojo, rojo anaranjado
Transparencia: translúcida
Dureza: 7
Raya: blanca
Brillo: de cerúleo a mate
Fractura: desigual

Cristal para los nuevos comienzos

Hay momentos en la vida en los que nos sentimos con menos ánimo para continuar con las actividades diarias o emprender otras nuevas, en los que notamos la mente confusa, plena de pensamientos erráticos y en los que nos asaltan sentimientos negativos, como rabia, envidia o resentimiento. En cualquiera de esos casos, la cornalina se presenta como la ayuda más eficaz. Su poderosa energía supone una importante inyección de ánimo y vitalidad, de autoconfianza y motivación, que nos facilitarán la adaptación a los cambios y las nuevas situaciones. También nos ayuda a superar cualquier tipo de miedo, especialmente a la muerte, y nos infunde ánimo, valentía y una energía muy positiva para relacionarnos con los demás y disfrutar de la vida; nos permite regular las emociones. Al mismo tiempo, en el plano mental, fomenta la creatividad, fortalece la memoria y aclara la mente, de modo que podremos tomar decisiones basadas en el análisis de las circunstancias. Esta capacidad, unida a la firmeza y la decisión, son los mejores factores para lograr el éxito.

Si el color de la cornalina tiende más al rojo, además de las propiedades beneficiosas mencionadas, la piedra combatirá mejor la pereza e infundirá mayor vigor; si el color es más rosado, ayudará a recuperar la autoconfianza después de un estado de abusos o manipulación.

Sus virtudes para la curación física

La gran energía de esta piedra, conectada con el chakra raíz, ejerce un efecto muy favorable sobre los órganos del aparato reproductor: combate la impotencia y la frigidez, e incrementa la fertilidad; también alivia los dolores propios de la menstruación. Por otra parte, su conexión con el chakra sacro le permite ayudar en la sanación de los problemas en la parte baja de la espalda, así como en los de artritis y reúma. Además, protege el buen funcionamiento del hígado, la vesícula biliar y los riñones, contribuyendo a purificar la sangre, mejorar el drenaje de líqui-

dos y eliminar toxinas. También fortalece el corazón y los huesos, facilita la digestión, detiene las hemorragias, estimula la curación de las heridas y la regnración de la piel. Parece que resulta de ayuda en los casos de depresión.

¿Cómo usar la cornalina?

Además de llevarla siempre cerca de la piel, en forma de amuleto, pulsera o cualquier otra pieza de joyería, resulta muy interesante colocar uno de estos minerales en el hogar y en la oficina.

Sabías que...

Cuando vayamos a combinar piedras diferentes es importante tener en cuenta el tipo de vibraciones que emite cada una, ya que a veces son contradictorias. En el caso de la cornalina, puede asociarse sin problemas de perturbaciones con otras piedras de propiedades energéticas, como son el granate, el jaspe rojo, el citrino, la piedra del sol o la calcita. Por el contrario, debe evitarse su uso junto a otras con propiedades tranquilizadoras, como es el caso de la piedra de luna o la amazonita. Hay que tener en cuenta que con el uso continuado es habitual que la piedra se oscurezca, aunque no pierde sus poderes.

SUS PODERES

Simbología: energía y creatividad.

Piedra zodiacal: Virgo (23 de agosto al 22 de septiembre). Los ayuda a potenciar sus sentidos y a extraer felicidad de las cosas cotidianas.

Piedra de alta energía: vinculada con el equilibrio físico, emocional e intelectual.

PROPIEDADES

Curativas: combate las disfunciones sexuales, aumenta la fertilidad y alivia los dolores de la parte baja de la espalda.

Espirituales: con gran fuerza estabilizadora y motivadora, inspira felicidad y alegría de vivir.

Intelectuales: estimula la creatividad, la memoria y la capacidad analítica.

Piedra de los chakras: raíz (muladhara) y sacro (svadhisthana).

JASPE
El supremo nutridor

Color: variado
Transparencia: opaca
Dureza: 7
Raya: blanca
Brillo: vítreo
Fractura: concoidea

Un apoyo incondicional

La propiedad más característica de todos los jaspes es que actúan como sustento y apoyo en los momentos difíciles, aportando tranquilidad, calmando las tensiones y consiguiendo que se establezca un armónico equilibrio entre el cuerpo, el alma y la mente. Proporciona protección contra las energías negativas, a las que devuelve a su origen, y fomenta la valentía y la honestidad necesarias para afrontar nuestros propósitos. A nivel mental, es un cristal excelente para desarrollar nuestras capacidades, como la rapidez de pensamiento y la organización de las ideas; al mismo tiempo, estimula la imaginación. En el plano físico, mejora el funcionamiento de los sistemas circulatorio y digestivo, y prolonga y hace más intenso el placer sexual.

Beneficios específicos para cada color

Todos los jaspes, independientemente de su color, gozan de las mismas propiedades genéricas, pero a ellas se suman otras más específicas.

• **Rojo.** Se asocia con el primer chakra, el raíz. Aporta vitalidad, fuerza, seguridad y una intensa energía estimulante. Espiritualmente, es un cristal de limpieza y, en el plano físico, contribuye a desintoxicar el sistema circulatorio y el hígado.

• **Marrón.** Se asocia, como el anterior, con el chakra raíz. Es un cristal que aporta estabilidad y equilibrio, facilita la meditación y contribuye a potenciar el sistema inmunitario.

• **Amarillo.** Se asocia con el chakra del plexo solar. Canaliza la energía positiva para proporcionarnos bienestar. En el plano físico actúa sobre el sistema endocrino y favorece la digestión.

• **Jaspe océano.** Asociado con el chakra del corazón, aunque también estabiliza el chakra raíz y el del plexo solar. Ayuda a conectar con la alegría y a disolver la tristeza. Es un cristal con una energía muy adecuada para los niños.

• **Verde.** Se asocia con el chakra del corazón. Aporta equilibrio entre los diversos aspectos de la persona y libera de obsesiones.

• **Azul.** Se asocia con el chakra de la garganta. Es un cristal que nos ayuda a conectar con el mundo espiritual, estabiliza el aura y la energía yin-yang.

• **Púrpura.** Se asocia con el chakra corona. Ayuda a enfocar los pensamientos y disipar las dudas y las contradicciones.

• **Jaspe pluma real.** Igual que el anterior, también se asocia con el chakra corona. Aporta estabilidad mental y emocional, y favorece el alineamiento espiritual con los propósitos personales.

• **Negro.** Potencia los sueños y las visiones proféticas.

• **Jaspe mokaíta.** Ayuda a lograr el equilibrio y a flexibilizar nuestro carácter. Refuerza el sistema inmunitario y purifica la sangre, los riñones y mejora el sistema inmunitario.

Sabías que...

Para conseguir que los amuletos o las joyas de jaspe ejerzan sus acciones beneficiosas sobre su portador, es necesario llevarlos cerca de la piel durante bastante tiempo, ya que este cristal libera su energía muy lentamente. También puede situarse en cualquier parte de la casa para atraer el bienestar y la tranquilidad, o colocarlo junto a la entrada para alejar las energías negativas.

SUS PODERES

Simbología: sustento y plenitud.

Piedra zodiacal: Virgo (23 de agosto al 22 de septiembre). Potencia su inteligencia y los ayuda a ser personas más meticulosas y modestas.

Piedra de equilibrio: contribuye a armonizar cuerpo, mente y alma, y a equilibrar las energías yin-yang.

PROPIEDADES

Curativas: favorece el buen funcionamiento de los órganos.

Espirituales: aporta bienestar y plenitud, y alinea todos los chakras.

Intelectuales: desarrolla las capacidades mentales y estimula la imaginación.

Piedra de los chakras: los siete chakras.

LAS PIEDRAS DE LIBRA

Fecha: 23 de septiembre al 22 de octubre
Elemento: aire
Planeta: Venus

Armonía y amor

Los nativos de este signo son personas sociables y amistosas, que suelen relacionarse bien con todo el mundo. Además, son bastante abiertos de mente y flexibles, lo que hace que en numerosas ocasiones actúen como mediadores. Al mismo tiempo, y como contrapartida a su sociabilidad, a veces pueden dejarse influir con excesiva facilidad y guardar rencor cuando se dan cuenta de que los han manejado. Tampoco les gusta enfrentarse a la toma de decisiones y, en ese sentido, la amatista los puede ayudar.

Pero hay algo que a los Libra les resulta imprescindible: la paz y la armonía en su entorno, tanto personal como profesional. No hay nada que los disguste más que los conflictos, pues alteran esa calma tan deseada; para resolverlos y volver a disfrutar de su situación ideal, la energía del ojo de tigre puede resultar muy beneficiosa. En definitiva, a los Libra les gusta vivir con la mayor comodidad y facilidad posibles, sin esforzarse demasiado; no desdeñan los lujos, aunque se adaptan bien a situaciones menos favorables.

En el amor suelen ser personas muy entregadas e intensas, a veces un poco celosas. La crisocola les será muy conveniente para gestionar mejor sus emociones. Igual que en otros aspectos de su vida, en este tampoco soportan las discusiones y menos aún si van acompaña-das de estallidos de ira. Ellos siempre buscarán solucionar esos conflictos mediante el diálogo, para lo que el lapis-lázuli, que es un cristal de sabiduría y conocimiento, puede suponer un buen apoyo.

Piedras para la salud

Desde el punto de vista sanitario, hay dos problemas que suelen aquejar con mucha frecuencia a los nacidos bajo el signo de Libra. El primero de ellos es una clara tendencia hacia la obesidad; en este caso, los trastornos están muy ligados a los desequilibrios emocionales, porque no debemos olvidar que se trata de personas muy emocionales y, si se sienten solas o malqueridas, tienden a llenar ese vacío con una ingesta excesiva de comida. El segundo trastorno está relacionado con el sistema renal, es decir, los riñones, las glándulas suprarrenales y la vejiga urinaria; para aliviar los dolores que pueden producir estos padecimientos resultan de gran ayuda tanto el citrino como el cuarzo rosa.

Piedras para el trabajo y los negocios

La capacidad de los Libra para relacionarse bien con personas muy diferentes los convierte en buenos compañeros de trabajo y en deseados socios para los negocios. Además, tienen un gran sentido del deber, son creativos y se muestran muy meticulosos y reflexivos en los asuntos profesionales, siendo capaces de llevar adelante hasta los proyectos más complejos. En esta faceta de la vida, la cercanía de la piedra de luna puede convertirse en un buen aliado, ya que sus vibraciones desarrollan la intuición.

Si en este ámbito hay que ponerles algún defecto es su necesidad de considerar todas las situaciones desde múltiples perspectivas antes de tomar una decisión, y no tanto porque esta decisión pueda ser acertada o equivocada, sino por la crítica que podría generar.

LAS MEJORES PIEDRAS PARA LIBRA

La piedra preciosa más favorable para el signo de Libra es el ópalo, que mejorará su ya buena disposición para relacionarse con los demás, potenciando su sociabilidad, su tolerancia y sus aptitudes diplomáticas. Tan favorable como el ópalo es la turmalina, en cualquiera de sus múltiples coloraciones. Por su parte, el ya mencionado lapislázuli, combinado con el zafiro, son otros dos cristales que resultan muy adecuados para los nacidos bajo el signo de Libra, ya que les servirán para recuperar el equilibrio interior, que tantas veces pierden en su deseo de ser diplomáticos y complacientes con todos.

Otras piedras y gemas alternativas que también emanan vibraciones que les proporcionan grandes beneficios en diversos ámbitos de la vida son la amatista, el heliotropo, la piedra de luna, el jade, el aguamarina, la malaquita, el jaspe, la rubelita, el topacio dorado, la aventuina, la crisoprasa, la kunzita, el cristal de roca, la crisocola, la sodalita y la turquesa.

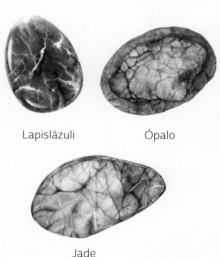

Lapislázuli   Ópalo

Jade

ÓPALO
Con potentes vibraciones

Color: incoloro, blanco, amarillo, naranja, rojo, azul oscuro, gris, marrón, negro

Transparencia: de transparente a translúcida

Dureza: 5-6

Raya: blanca

Brillo: vítreo

Fractura: concoidea

Una piedra poderosa

Favorece el bienestar físico y mental, fortalece el amor, potencia la pasión y el deseo, protege de malas energías, atrae el dinero y fomenta la salud. Estos son únicamente algunos de los principales beneficios que nos aportan las vibraciones del ópalo y, solo por ellos, ya estaría justificada la elección de esta piedra como amuleto, pero es que, además, reúne muchas otras otras virtudes. En el plano espiritual activa nuestro «despertar» y nos ayuda a acceder a nuestro verdadero yo, potencia la conciencia cósmica y puede inducir visiones si se emplea en la meditación. Es una piedra kármica, es decir, nos enseña que todo lo que emitimos nos viene de nuevo de vuelta.

En el plano psicológico es un cristal que potencia la autoestima y las ganas de vivir, que saca a la superficie nuestros talentos y estimula la creatividad; además, libera los bloqueos de energía de los chakras, restableciendo de este modo su libre flujo. Mentalmente aporta espontaneidad, pero también favorece la inconstancia si esta ya existía previamente. En el plano emocional, el ópalo se vincula con el amor, la pasión y el deseo, nos libera de inhibiciones e intensifica las emociones. Al mismo tiempo puede actuar equilibrándolas, creando un estado de paz y tranquilidad que resultará muy favorable para afrontar cualquier problema o tomar decisiones. Hace que nos aceptemos como somos, evita los sentimientos negativos y nos aporta lealtad y fidelidad.

Ópalo para la curación física

Es una piedra purificadora que devuelve el equilibrio al organismo y ayuda a sanar cualquier dolencia psicosomática. Purifica la sangre y los riñones, regula la insulina y alivia las molestias premenstruales en las mujeres. También se emplea como apoyo en el tratamiento de la enfermedad de Parkinson, en los procesos infecciosos y en los que cursan con fiebre.

Propiedades específicas según su color

Incolora (hialita): conecta todos los chakras, favoreciendo la experiencia de la meditación; estabiliza el estado de ánimo y puede utilizarse como bola de adivinación.

Incolora: conecta todos los chakras, favorece la meditación y estabiliza el estado de ánimo.

Blanco: equilibra los chakras, aporta alegría, aumenta la intuición y atrae las vibraciones positivas; favorece el sueño reparador y alivia los trastornos digestivos.

Rosa: actúa sobre el chakra raíz y el sacro, activa la clarividencia y mejora las enfermedades respiratorias y virales.

Azul: actúa sobre el chakra de la garganta. Alinea la parte emocional con la espiritual y potencia la comunicación; es apropiado para regenerar la piel y favorecer la producción de glóbulos rojos.

Sabías que...

Para aprovechar los beneficios curativos del ópalo conviene situarlo en el lugar de la dolencia y, especialmente, sobre los chakras del corazón y del plexo solar durante la meditación. También puede llevarse en pulseras, colgantes, amuletos y sortijas; en este último caso, conviene colocarla en el dedo meñique. Es aconsejable combinar el ópalo con otros cristales.

SUS PODERES

Simbología: luz interior.

Piedra zodiacal: Libra (23 de septiembre al 22 de octubre). Potencia su sociabilidad, estimula el romanticismo y elimina la indecisión.

Piedra espiritual: sirve para contactar con espíritus superiores, y refuerza el aura.

PROPIEDADES

Curativas: equilibra el organismo y alivia cualquier dolencia psicosomática.

Espirituales: purifica nuestra energía y nos ayuda a acceder a nuestro verdadero yo.

Intelectuales: favorece la espontaneidad.

Piedra de los chakras: los siete chakras.

TURMALINA
Piedra de limpieza espiritual

Color: negro, verde, azul, pardo, rojo, rosa, amarillo

Transparencia: de transparente a translúcida

Dureza: 7-7,5

Raya: incolora

Brillo: vítreo

Fractura: de desigual a concoidea

Protección y sanación

La turmalina es un cristal de limpieza espiritual que purifica el aura y elimina los bloqueos. Es excelente para trabajar todos los chakras, pues los conecta y equilibra sus energías, y ejerce una poderosa acción protectora al rodear nuestro cuerpo como si de un escudo se tratase, dispersando las energías negativas para que no nos alcancen. Fomenta la confianza y la tolerancia, es muy beneficiosa para la meditación, ya que calma las emociones y disipa el estrés. Equilibra los procesos mentales y, en el plano físico, ayuda a tratar cualquier dolencia. Estos beneficios son comunes para todas las turmalinas, independientemente de su color.

Turmalina negra

Es la piedra de protección por excelencia, absorbiendo las energías perjudiciales y dirigiéndolas hacia la tierra para que se disipen. Nos limpia de pensamientos negativos y favorece una actitud positiva y relajada. Desarrolla la creatividad y el altruismo. En lo que a sus propiedades curativas se refiere, es una piedra que fortalece el sistema inmunitario, ayuda a tratar la artritis y la dislexia, y nos protege de las radiaciones electromágneticas que emiten los teléfonos móviles. Conecta con el chakra raíz.

Turmalina verde

Es un cristal de sanación espiritual, que fomenta la paciencia, la compasión y el equilibrio, aumenta la creatividad y calma la mente para optimizar la capacidad de análisis y la toma de decisiones. También atrae la prosperidad y la abundancia, y mejora la salud y el crecimiento de las plantas. Sus beneficios curativos actúan sobre el sistema inmunitario y el nervioso, reforzándolos; favorece el sueño; alivia el agotamiento; relaja la musculatura y calma tanto el estreñimiento como la diarrea. Conecta con el chakra corazón.

Turmalina azul o indigolita

Estimula la libertad espiritual y la conciencia psíquica, y favorece las visiones. Disuelve la tristeza y promueve la tolerancia, el amor a la verdad, la responsabilidad y la fidelidad. Es una piedra que genera armonía en el entorno. Conecta con el chakra de la garganta y el del tercer ojo.

Turmalina roja y rosa

La roja aumenta la capacidad de comprender el amor, desarrolla la sociabilidad y la extroversión, y equilibra las emociones extremas. Conecta con el chakra raíz y el sacro. La rosa es una piedra para disfrutar del amor, una activadora de ese sentimiento primero hacia uno mismo y después hacia los demás. También desarrolla la confianza para que ese disfrute sea más pleno, conectando el mundo material y el espiritual. Conecta con el chakra corazón.

Sabías que...

La turmalina sandía recibe ese nombre por su coloración, rosa envuelta en verde. Es un cristal que activa potentemente el chakra corazón y fomenta el amor, la amistad y la seguridad en nosotros mismos. Resulta muy beneficiosa para el tratamiento del estrés.

SUS PODERES

Simbología: crecimiento espiritual.

Piedra zodiacal: Libra (23 de septiembre al 22 de octubre) y Escorpio (23 de octubre al 21 de noviembre). Los protege de energías negativas, aumenta su creatividad y atrae la prosperidad y la abundancia.

PROPIEDADES

Curativas: actúa sobre numerosas dolencias, combate el estrés, promueve un sueño reparador y protege de las radiaciones electromagnéticas.

Espirituales: poderoso talismán que protege de las energías negativas y atrae la buena suerte.

Intelectuales: mejora la productividad y la creatividad.

Piedra de los chakras: los siete chakras.

LAS PIEDRAS DE ESCORPIO

Fecha: 23 de octubre al 21 de noviembre

Elemento: agua

Planeta: Marte

Exigentes y sensibles

Una de las principales cualidades de las personas nacidas bajo el signo de Escorpio es la intensidad y el elevado poder de energía con los que se entregan a todo cuanto hacen, ya sea en el amor, la amistad o el trabajo; cuando emprenden algo, lo hacen con valentía y se vuelcan por completo, incluso no dudan en realizar los sacrificios que sean necesarios si están plenamente convencidos de su idea. Son perseverantes y generosos, pero también son muy exigentes, tanto con ellos mismos como con los demás. La lealtad y la discreción son otras de sus virtudes; si contamos un secreto a un Escorpio, podemos estar seguros de que no lo revelará. Como contrapartida, suelen tener dificultades en comunicar sus sentimientos, en revelar su intimidad y su esencia, lo que, unido a su elevado grado de sensibilidad, a veces los lleva a bloquearse, a sumirse en un estado de nerviosismo muy acusado o a sentir celos.

Pero este signo tiene una peculiaridad que no muestra el resto; al igual que la constelación de Escorpio parece estar compuesta por tres ramales, la personalidad de los nativos de este signo puede variar ligeramente dependiendo de en cuál de las tres fases se encuentre: cuando entra en la fase «lagartija gris», no sabe explotar su energía y tiende a la depresión y los sentimientos negativos; en la fase «escorpio» es cuando su energía es más fuerte y guerrera, tendiendo a mostrarse dominante; por último, en la fase «águila» predominará la fuerza de voluntad y el esfuerzo, logrando atraer cosas buenas.

Las piedras para la salud

En este ámbito, los trastornos digestivos de diversa índole son uno de los problemas más frecuentes que afectan a los nativos de Escorpio. En esos casos, las energías emitidas por la amatista, la sodalita y el citrino pueden resultar beneficiosas; las dos primeras alivian las molestias y las disfunciones, y la tercera estimula el propio proceso digestivo. El citrino también ayudará a las mujeres Escorpio aliviando los síntomas que acompañan al cese de la menstruación. La amatista será otra buena aliada, ya que activará la producción de hormonas.

Las piedras para el amor

Igual que en otros aspectos de su vida, en el amor los nativos de Escorpio son leales y entregados, pues lo que desean es establecer relaciones sólidas, sinceras y de larga duración. La fidelidad es muy importante para ellos y, en ocasiones, les despierta el miedo a ser engañados o abandonados. Para calmar esa inestabilidad y desconfianza, la amatista se muestra como una buena aliada. También el lapislázuli, que romperá un poco su reserva a mostrar los sentimientos y les permitirá una comunicación más clara y expresiva.

 LAS MEJORES PIEDRAS PARA ESCORPIO

Las piedras preciosas más favorables para el signo de Escorpio son el berilo y el coral, que lo ayudarán a no mostrarse tan reservados con los demás. También muy favorables son la amatista, que fomenta los pensamientos positivos y aleja los negativos, al tiempo que ayuda a conseguir la calma interior, y el ópalo, que favorece el equilibrio emocional y frena la impulsividad. La turquesa calma el nerviosismo exagerado y repele la energía negativa. Este efecto protector energético también lo presenta la malaquita.

Otras piedras y gemas alternativas que emanan vibraciones que les proporcionan grandes beneficios en diversos ámbitos de la vida son el ágata, la cornalina, el lapislázuli, el citrino, la labradorita, el granate, la hematita, el cristal de roca, el rubí, el jaspe rojo y el de sangre, la obsidiana, el cuarzo lechoso, la rodocrosita, la serpentina, la turmalina negra y la unakita.

Citrino

Lapislázuli

Labradorita

BERILO VERDE
La piedra de la serenidad

Color: verde claro

Transparencia: de transparente a translúcida

Dureza: 7,5-8

Raya: blanca

Brillo: vítreo

Fractura: de desigual a concoidea

Equilibrio, serenidad y paz interior

El berilo verde es el cristal perfecto para todas las personas que llevan una vida muy agitada y estresante, ya que su energía nos ayuda a deshacernos de lo innecesario y nos muestra aquello en lo que nos debemos centrar, las acciones que son verdaderamente importantes, equilibrando de este modo nuestras emociones y brindándonos calma y paz interior. Es una piedra que representa la pureza del ser y que potencia la conexión espiritual y las visiones del futuro, por lo que resulta muy útil en la toma de decisiones. También es un cristal de sabiduría que desbloquea nuestro potencial y talento, recordándonos lo que poseemos y permitiéndonos un mayor crecimiento personal.

Aumenta el coraje, la voluntad y la confianza para enfrentarnos a los problemas, calma nuestra mente, eleva la inteligencia, promueve la creatividad y alivia las tensiones y la ansiedad. Todo ello, unido a su capacidad para eliminar distracciones y centrarnos en lo esencial, en lo que podemos y debemos llevar a cabo, para que así olvidemos las cargas emocionales innecesarias o no deseadas, contribuye a que tengamos una visión más positiva de la vida y de nuestro entorno, que nos sintamos llenos de energía y vitalidad, que seamos más sinceros e íntegros. Esto resulta muy beneficioso tanto en el ámbito personal como en el profesional, y también en la pareja, pues favorece un nuevo despertar del amor, especialmente en relaciones duraderas que hayan sufrido el natural desgaste del tiempo.

Poder curativo

Dos de las principales virtudes del berilo verde como piedra de salud es que ayuda a encontrar la causa de las dolencias y estimula la autocuración. Además, mejora el funcionamiento de los órganos de eliminación, favorece la circulación de la sangre y fortalece los pulmones, el corazón, las arterias co-

ronarias y los ojos. Se emplea para tratar dolencias relacionadas con el hígado, el estómago y la columna vertebral, alivia los trastornos intestinales y las molestias relacionadas con la menstruación y el embarazo, equilibra la producción de adrenalina, combate el colesterol y promueve la desinflamación glandular. Otra importante acción beneficiosa del berilo verde es la que ejerce contra el estrés, resultando un cristal excelente para todas aquellas personas que padezcan sentimientos de agobio, nerviosismo y ansiedad en su vida diaria, pues les ayuda a calmar la mente y a enfocar los objetivos.

Sabías que...

La forma de usar el berilo varía según el efecto que deseemos conseguir. Si se trata de emplear su acción terapéutica, colocaremos el cristal cerca de la zona del cuerpo afectada y lo mantendremos ahí de 30 minutos a una hora. Si deseamos elevar nuestra espiritualidad y limpiar el aura, tendremos que llevarlo diariamente con nosotros. Por último, si el fin que perseguimos es mejorar la energía del entorno y que transmita un ambiente de paz, elegiremos un cristal de buen tamaño y lo colocaremos en una estancia de la casa o en el despacho de trabajo.

SUS PODERES

Simbología: protector y sanador.

Piedra zodiacal: Escorpio (23 de octubre al 21 de noviembre). Los ayuda a deshacerse de malos recuerdos y a disipar su reserva hacia los demás. También actúa como talismán para los Sagitario.

PROPIEDADES

Curativas: ayuda a encontrar la causa de las dolencias y favorece la autocuración.

Espirituales: elimina distracciones y nos incita a centrarnos en lo que podemos y debemos hacer. Asimismo, favorece las visiones del futuro.

Intelectuales: calma la mente, eleva la inteligencia e incrementa la creatividad.

Piedra de los chakras: del plexo solar (manipura) y la corona (sahasrara).

CORAL ROJO
Piedra de protección y alegría

Color: rojo

Transparencia: de translúcida a opaca

Dureza: 3-4

Brillo: de ceroso a vítreo

Bienestar y alegría

El proceso de transformación que ha de experimentar el esqueleto de una colonia de corales, que son organismos vivos, hasta convertirse en la piedra semipreciosa que todos conocemos, pasa a trocarse en una de sus propiedades más señaladas. Porque la piedra coral es un cristal de transformación espiritual, que repara el aura después de un trauma, propicia la visualización y los sueños proféticos, mejora la experiencia meditativa y ayuda a que la energía vital circule con armonía por todo nuestro ser. También aumenta la intuición, la sabiduría y la imaginación, fomenta la autoconfianza y la seguridad en uno mismo, y aporta la determinación necesaria para enfrentarse a las situaciones difíciles y los problemas, pero desde una perspectiva de calma y tranquilidad, sin bloqueos, nerviosismo o precipitación.

Es una piedra de bienestar y alegría, que atrae la energía positiva, por lo que resulta muy útil para las personas pesimistas, las que están sumidas en una tristeza profunda o padecen depresión. Igualmente, es de gran ayuda para las personas nerviosas, sobre las que ejerce un efecto calmante y tranquilizador. A esto hay que añadir que advierte sobre accidentes y discordias, aleja las discusiones y los pleitos, y favorece las finanzas.

Poderosa protección

Otro de los beneficios más relevantes del coral es su poderosa acción protectora contra los hechizos y el mal de ojo, las envidias, los celos o cualquier otro sentimiento negativo. Si tenemos la sensación de que somos objeto de alguna maldición, lo mejor es llevar siempre con nosotros un amuleto de coral. También nos protege de las pesadillas y es un cristal excelente para los niños, a quienes ampara durante sus juegos diarios.

Poder reparador

En el plano físico, uno de los principales beneficios que aporta el coral es su capacidad reparadora, ya que favorece la asimilación de minerales, lo que resulta particularmente apropiado en los trastornos derivados de una mala nutrición. Esta misma propiedad lo convierte en un excelente fortalecedor de huesos y dientes, aplicándose a menudo en el tratamiento de fracturas, en problemas óseos y de descalcificación y como preventivo de las caries.

También aumenta la vitalidad y la fertilidad, actúa de forma positiva sobre el metabolismo, activa la glándula tiroides y la eliminación de toxinas de la sangre, fortalece el corazón y mejora la circulación y la digestión, aumentando el apetito. Alivia las molestias de la menstruación, ayuda a la cicatrización de las heridas y corta las hemorragias.

Sabías que...

Aunque el coral rojo es el más habitual, hay otros de diversos colores, cada uno de ellos con sus propiedades específicas. Por ejemplo, el coral rosado resulta muy apropiado para superar el miedo y los conflictos emocionales, y el de color morado propicia los sueños premonitorios, protege de las energías negativas y ayuda a salir de los estados de tristeza profunda.

SUS PODERES

Simbología: energía y vitalidad.

Piedra zodiacal: Escorpio (23 de octubre al 21 de noviembre). Los ayuda a ser más intuitivos, emocionales y apasionados.

Piedra para disfrutar de la vida: la capacidad del coral de hacernos sentir la alegría de vivir nos hará más optimistas y felices.

PROPIEDADES

Curativas: favorece la asimilación de minerales, aumenta la fertilidad y activa el metabolismo.

Espirituales: limpia el aura, ayuda a la circulación de la energía vital y protege de cualquier energía negativa.

Piedra de los chakras: raíz (muladhara).

LAS PIEDRAS DE SAGITARIO

Fecha: 22 de noviembre
al 21 de diciembre

Elemento: fuego

Planeta: Júpiter

Versátil y positivo

Idealistas, generosos, optimistas, alegres y de mente abierta. Estas son algunas de las primeras cualidades que destacan de las personas nacidas bajo el signo de Sagitario. Son personas que aman la vida y la libertad, a las que les gustan los viajes, las aventuras, los cambios y estar siempre en movimiento. La piedra que mejor les acompaña en esas situaciones es la amatista, que les brindará protección y, además, en el ámbito labotal, contribuirá a que alcancen el éxito. Son versátiles y saben adaptarse bien a cualquier situación. Uno de sus mayores placeres es emprender proyectos nuevos, que gestionan minuciosamente y con un buen sentido de la organización, aunque, en ocasiones, pueden carecer de la constancia y la perseverancia necesarias para desarrollarlos hasta el final. En este sentido, puede resultar de gran ayuda la espinela azul, que optimizará sus esfuerzos para lograr un final exitoso en cualquier idea que pongan en práctica.

Finalmente, si hay que poner un importante inconveniente a la personalidad de los Sagitario es que suelen expresarse a veces con una excesiva franqueza y cierta falta de tacto, lo que puede llegar a herir a quienes los rodean; y no lo hacen buscando el daño personal de una manera consciente, es solo que no entienden que se deban suavizar las críticas, pues no todos las aceptan de buen grado.

Sus piedras favorables para el amor

Al ser personas tan sociables, la soledad se convierte en una de sus mayores pesadillas, pero, al mismo tiempo, los compromisos los asustan un poco. Aunque también adoran la familia. Esta serie de aparentes contradicciones son las que dominan su comportamiento en las relaciones amorosas y hace que venzan su desconfianza al compromiso con el fin de evitar estar solos y poder formar esa familia que anhelan. Y lo harán plenamente convencidos de su decisión, mostrándose entregados y apasionados. La mejor

compañera que pueden escoger los nacidos bajo este signo cuando se trata de atraer al sexo opuesto es la amatista.

Eso sí, al menor síntoma de tensión, los Sagitarios eligen la ruptura definitiva. Para evitar llegar a ese extremo y poder resolver mejor los conflictos, la energía del lápislazuli puede resultar beneficiosa. Y si, a pesar de todo se llega a esa ruptura, el cuarzo rosa ayudará a aliviar el dolor y la tristeza de la separación.

Piedras para cuidar la salud

A menudo, los nacidos bajo el signo de Sagitario padecen problemas relacionados con la visión; en esos casos, y especialmente si se trata de afecciones que afecten a la visión nocturna, la ayuda del ojo de tigre suele resultar eficaz. Cuando se trata de afecciones debidas a una hipersensibilidad de la piel, la labradorita y el citrino se convertirán en los mejores aliados. Este último también podrá emplearse para estimular el proceso digestivo y si, a pesar de todo, surge alguna disfunción de ese proceso, la amatista será la más indicada como adyuvante del tratamiento que fije el médico.

En lo que se refiere a la salud mental, los Sagitario a veces pueden verse aquejados por problemas de ansiedad, tristeza y falta de ánimo. En esas situaciones, las vibraciones del lapislázuli, el ojo de tigre y el citrino suelen producir grandes beneficios.

LAS MEJORES PIEDRAS PARA SAGITARIO

Las piedras preciosas más favorables para el signo de Sagitario son el topacio blanco y el citrino. Ambas lo ayudarán a controlar mejor sus emociones y a comprender el comportamiento de quienes lo rodean. Por su parte, el cuarzo rosa les permitirá adaptarse más fácilmente a esos cambios que tanto les gustan, y el topacio favorecerá que conecten con su propia energía y sepan dirigir sus proyectos con mayor sabiduría y conocimiento. Otras piedras y gemas alternativas que también emiten vibraciones que les proporcionan grandes beneficios en diversos ámbitos de la vida son, además de las ya nombradas, la turquesa, que les proporcionará claridad psíquica, reducirá su nerviosismo y estimulará su creatividad; también el jade, el ágata azul y la de color negro, el ópalo, el zafiro, la turmalina rosa, la obsidiana, el ónice negro, la aventurina, el cristal de roca, la amazonita, la azurita, la espinela, el rubí, la crisocola y la calcedonia.

Turquesa

Ágata azul

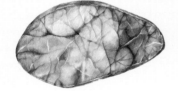
Jade

TOPACIO BLANCO
Piedra de creatividad y alegría

Color: incoloro, blanco

Transparencia: de transparente a translúcida

Dureza: 8

Raya: incolora

Brillo: vítreo

Fractura: de desigual a subconcoidea

Suerte y optimismo

Todos los topacios, cualquiera que sea su color, son cristales que atraen la suerte, que llevan la alegría y las ganas de vivir a quien los usa, que favorecen las relaciones personales, promoviendo la comunicación y atrayendo el amor. Se consideran piedras que nos fortalecen y recargan espiritual y físicamente, que promueven la generosidad y la confianza en nosotros mismos y ayudan a extraer la riqueza y la fuerza que guardamos en el interior, logrando de este modo que superemos nuestras propias limitaciones y persigamos los objetivos que nos hayamos propuesto. También incrementan nuestras capacidades intelectuales, mejoran la creatividad y atraen la abundancia.

En el caso del topacio blanco, a todos esos beneficios generales hay que sumar otros específicos, como la acción que ejerce sobre nuestras dudas e inseguridades, ayudando a disiparlas y a que disfrutemos de una mayor sensación de bienestar. Además, nos trae inspiración y esperanza. En el plano mental, favorece la concentración, nos abre la mente hacia pensamientos nuevos y contribuye a que tengamos las ideas más claras, pues elimina las distracciones y el «ruido» mental. También nos ayuda a hacer fluir la energía que tuviéramos estancada, a purificar las emociones y a ser conscientes del efecto kármico que tienen nuestros pernsamientos y nuestras acciones.

Protectora de la salud

A nivel físico, uno de los mayores beneficios que aporta este cristal es de tipo preventivo, ya que su energía protege nuestra salud y favorece el mantenimiento de un buen estado general. Aporta vigor, contribuye a acelerar los procesos de regeneración y, en el caso del topacio blanco, también disminuye la frecuencia de los dolores de cabeza y las migrañas, por lo que resulta un cristal muy adecuado para las personas que son propensas a padecer a menudo estos trastornos. Este tipo de afecciones pueden estar ocasionadas por un

bloqueo de la energía del chakra de la corona; el topacio blanco contribuye a que vuelva a fluir armoniosamente.

¿Cómo usar el topacio blanco?

Como el topacio blanco conecta con el chakra de la corona, si queremos llevarlo con nosotros en forma de joya lo más adecuado serán unos pendientes, aunque también puede guardarse un cristal en el bolsillo. Durante la meditación habrá que situarlo sobre su chakra correspondiente. Colocado en una habitación de la casa ayudará a disfrutar de mayor bienestar y alegría, y a preservar la salud de toda la familia. Para alejar las pesadillas, mantener un cristal durante varios días bajo la almohada.

Sabías que...

Las vibraciones que emite el topacio blanco suelen ser muy suaves, por lo que puede usarse este cristal todos los días sin que surjan problemas. Pero como no todo el mundo responde igual a la energía de las piedras, si alguien nota que no lo tolera bien, conviene que no lo use diariamente y vaya habituándose a él poco a poco.

SUS PODERES

Simbología: amor, alegría y salud.

Piedra zodiacal: Sagitario (22 de noviembre al 21 de diciembre). Les ayuda a mantener controladas las emociones y a aceptar mejor el comportamiento de los demás.

También suele ser un cristal favorable para Escorpio.

PROPIEDADES

Curativas: alivia los dolores de cabeza y las migrañas.

Espirituales: es una piedra de regeneración que purifica nuestras emociones y fomenta la autoconfianza.

Intelectuales: favorece la concentración, abre la mente a pensamientos nuevos y aclara las ideas.

Piedra de los chakras: de la corona (sahasrara).

CITRINO
Con el poder del sol

Color: amarillo, amarillo parduzco
Transparencia: de translúcida a casi opaca
Dureza: 7
Raya: incolora
Brillo: vítreo
Fractura: concoidea

Múltiples beneficios

Pocas piedras como el citrino poseen tantos y tan variados poderes. Representa la fuerza solar y, como tal, genera calidez y favorece la regeneración, tanto a nivel espiritual como emocional y físico. Es un cristal con un poderoso poder de limpieza, que actúa en especial sobre los chakras sacro y del plexo solar, equilibrándolos y alineándolos con el plano físico; nos hace crecer espiritualmente y potencia una mejor expresión de nuestras emociones. Es una piedra que favorece la meditación, pues ayuda a potenciar y canalizar de modo correcto nuestra energía interior. El citrino desarrolla la intuición y la voluntad, eleva la autoestima, la confianza y la motivación y activa la creatividad, por lo que suele usarse para emprender nuevas ideas y proyectos. Aporta optimismo y ayuda a superar los miedos, la ansiedad, la tristeza y los estados depresivos. Potencia la concentración y estimula y aclara la mente, de manera que mejora el aprendizaje y nuestra capacidad de análisis, y ayuda a tomar decisiones más serenas y meditadas. A nivel físico, aumenta la vitalidad y recarga nuestro cuerpo, por lo que resulta muy recomendable en casos de fatiga crónica. También actúa positivamente sobre todos los órganos y sistemas del cuerpo, mejorando su funcionamiento.

Poderoso cristal protector

Otro de los beneficios más interesantes que aporta el citrino es como cristal protector contra las energías negativas y el mal de ojo. También se muestra como un gran protector del aura, pues anticipa cualquier situación que pueda resultarnos perjudicial y emprende las acciones necesarias para evitar el daño. Por último, aleja nuestros propios pensamientos negativos y las tendencias destructivas y genera un flujo de positividad que nos empujará a seguir hacia delante con buena actitud y una emocionalidad equilibrada. A diferencia de otros cristales protectores, el citrino no necesita limpiarse nunca, ya que disipa toda la negatividad que absorbe.

Un cristal de éxito y abundancia

El citrino posee una merecida fama como piedra de prosperidad y suerte, ya que es capaz de atraer el dinero, la prosperidad y el éxito financiero, y también nos ayuda a conservarlos. Además, es un cristal de felicidad: su capacidad para captar todas las cosas buenas y positivas nos proporciona un sentimiento de alegría y dicha que se irradia a quienes nos rodean. Al mismo tiempo nos hace más generosos y empáticos, por lo que se convierte en una buena opción para ayudar a resolver disputas o desavenencias con familiares o amigos, incluso con compañeros de trabajo.

Sabías que...

Dada la gran cantidad de beneficios que proporciona el citrino, los modos de usarlo son también muy variados. Para eliminar las energías tóxicas, lo más apropiado es llevarlo cerca de la piel como colgante o pulsera, o ubicarlo en cualquier habitación si se desea la protección para el hogar. Para atraer la abundancia, situar el cristal en el negocio o el hogar, y para mejorar la meditación, usar una piedra de citrino en forma de esfera.

SUS PODERES

Simbología: poderosa energía regeneradora.

Piedra zodiacal: Sagitario (22 de noviembre al 21 de diciembre). Los ayuda a mantener controladas las emociones y a aceptar mejor el comportamiento de los demás.

PROPIEDADES

Curativas: aumenta la vitalidad, mejora el sueño y ejerce una acción positiva sobre todos los órganos y sistemas del cuerpo.

Espirituales: tiene poder limpiador y revitalizante, proporcionando bienestar espiritual.

Intelectuales: proporciona claridad mental y mejora la concentración y la creatividad.

Piedra de los chakras: sacro (svadhisthana) y plexo solar (manipura).

LAS PIEDRAS DE CAPRICORNIO

Fecha: 22 de diciembre al 19 de enero

Elemento: tierra

Planeta: Saturno

Responsables y con ambición

Las personas nacidas bajo el signo de Capricornio son individualistas, ambiciosas, disciplinadas, leales, muy bien organizadas y con una gran capacidad de dedicación en todo lo que persiguen. Este cóctel de cualidades supone una garantía casi asegurada para que alcancen el éxito en el terreno profesional. Son sensatas y valoran la tradición, el trabajo duro y la estabilidad. No les gustan las discusiones y los conflictos, y su rectitud y honestidad las hace confiables y les permite mantener muy buenas relaciones de amistad, aunque quizá a veces parezcan algo frías, pero eso solo es producto de la timidez y la reserva que las caracteriza. Cuando se sienten cómodas, olvidan esa introversión y se convierten en personas alegres y divertidas. En ese sentido, la energía de la malaquita los puede ayudar a salir de su caparazón y a comportarse como son verdaderamente. Como contrapartida, en ocasiones se muestran intolerantes y experimentan grandes dificultades para mostrar sus sentimientos.

Piedras para el trabajo y la salud

Además de las cualidades que ya se han señalado y que tanto los benefician en el terreno laboral, los Capricornio suelen ser profesionales muy creativos, rigurosos, valientes y con una extraordinaria dedicación en cualquier empresa en la que se embarquen. Pero si tienen que enfrentarse a la improvisación, se desestabilizan y pierden esa capacidad de organización que los caracteriza. Las vibraciones del ojo de tigre les pueden resultar muy beneficiosas para incrementar su potencial y destacar.

Por el contrario, su salud no es todo lo buena que sería deseable y a menudo deben enfrentarse a su punto más débil: el dolor en las articulaciones. Para aliviarlo pueden emplear la labradorita y la turquesa y, por supuesto, su gran fuerza de voluntad y su combatividad, que también son armas muy útiles para vencer cualquier tipo de trastorno físico o emocional. También pueden padecer estrés emocional y físico debido a su elevado nivel de autoexigencia; el granate les ayuda a reducirlo y a lograr el equilibrio.

Sus piedras para el amor

Para los Capricornio no resulta fácil encontrar pareja, pues, como ya se ha mencionado, suelen tener dificultades para expresar sus sentimientos y, además, son personas bastante selectivas. Para ayudarlos en este aspecto y mejorar sus capacidades de comunicación resultan muy favorables el citrino y el cuarzo rosa. Y es que si logran superar esas barreras, los Capricornio se convierten en amantes entregados y responsables, pero también alegres y divertidos, que harán lo posible por mantener una relación estable y duradera.

LAS MEJORES PIEDRAS PARA CAPRICORNIO

Las piedras preciosas más favorables para el signo de Capricornio son el rubí y el lapislázuli, que pueden atraer a su vida el éxito, la suerte y la abundancia, y alejar de ellos las energías y los sentimientos negativos. También muy favorable es el ónice negro, que les servirá para equilibrar sus emociones, les proporcionará autocontrol y mejorará su capacidad para tomar decisiones; además, esta piedra absorbe cualquier pensamiento o sentimiento negativo que les pueda surgir, fomenta la ambición y atrae el éxito.
Otras piedras y gemas alternativas que de igual modo emanan vibraciones que les brindan grandes beneficios en diversos ámbitos de la vida son el cuarzo rosa y el ahumado, el granate, el cristal de roca, la piedra de luna, el jaspe, la calcita azul, el ágata negra, la obsidiana, el peridoto, la turmalina negra, la esteatita, la fluorita violeta, la calcedonia, la amatista, el diamante herkimer, la cianita, la hematita y la piedra jais, que es el lignito (carbón) fósil.

Cuarzo rosa

Granate

Cuarzo ahumado

RUBÍ
La piedra del valor y del éxito

Color: de rojo oscuro a rosa claro y púrpura

Transparencia: de transparente a translúcida

Dureza: 9

Raya: incolora

Brillo: de adamantino a vítreo

Fractura: de subconcoidea a desigual

Un cristal «ardiente»

La poderosa energía de este cristal lo ha convertido en símbolo de la pasión, la alegría de vivir, el coraje y el éxito. Y es que el rubí es capaz de movilizar nuestra energía interior y vigorizarnos, de aumentar nuestra pasión por la vida, pero siempre desde una actitud positiva y equilibrada, mejorando la motivación, la autoconfianza y la perseverancia, favoreciendo la voluntad y el valor, y neutralizando las energías negativas para que no nos alcancen; en definitiva, promoviendo todo aquello que nos lleva a ser felices y gozar de la existencia. También fortalece la mente, estimulando la creatividad y la concentración, y promoviendo la sabiduría; llevar con nosotros un rubí antes de alguna reunión o negocio importante nos ayudará a prepararnos mejor para la situación y aprovechar al máximo la oportunidad que se nos brinda. Emocionalmente nos dinamiza y hace crecer nuestro entusiasmo, aumenta la sensualidad y la pasión amorosa, atrayendo hacia nosotros a personas que puedan compartir nuestro deseo; pero también nos preserva de los celos o de cualquier otro sentimiento negativo que pueda causar un deterioro en las relaciones de pareja o de amistad.

Un imán para el éxito

El rubí, al reforzar la confianza en nosotros mismos e incrementar la autoestima, también consigue aumentar nuestro poder personal y la capacidad de liderazgo. Eso, unido a su competencia para atraer la buena suerte, lo convierte en el cristal ideal para alcanzar el éxito en todas las áreas, actuando como un imán que capta los mejores negocios y oportunidades, trayendo la prosperidad y la abundancia a nuestra vida, pero sin echar a un lado la generosidad para con los demás.

Propiedades curativas

El rubí es un excelente cristal para fortalecer el corazón y estimular todo el sistema circulatorio. También reporta intensos beneficios al sistema inmunitario, ayudando en el tratamiento de enfermedades infecciosas; estimula la función renal; regula el colesterol; alivia los calambres; es un eficaz antitérmico; mejora la agudeza visual y protege del mareo y de las pesadillas. Incentiva el deseo y la actividad sexual, y se emplea a menudo como elemento de ayuda y apoyo en las terapias médicas para tratar la impotencia y otros problemas relacionados con la sexualidad y la fertilidad. Asimismo, restaura la energía en los casos de fatiga crónica, supone una gran ayuda en tratamientos contra la depresión y promueve la longevidad. El láser de rubí se emplea para eliminar el vello corporal, la hiperpigmentación y los tatuajes.

Sabías que...

En el ámbito de la pareja, el rubí es un magnífico aliado, pues fomenta la pasión y la comprensión. Pero, dado que su acción es poderosamente estimulante, las personas que sean muy sensibles, delicadas o irritables conviene que no lo utilicen, pues su energía les podría resultar perjudicial.

SUS PODERES

Simbología: lealtad, valentía y pasión.

Piedra zodiacal: Capricornio (22 de diciembre al 19 de enero). Atrae para ellos la suerte, la abundancia y el éxito personal y profesional.

PROPIEDADES

Curativas: fortalece el corazón y el sistema inmunitario, potencia el deseo y la actividad sexual, y se emplea en el tratamiento de la fatiga crónica.

Espirituales: aporta entusiasmo, alegría y coraje, favorece la autoconfianza y la motivación.

Intelectuales: mejora la creatividad y la concentración y promueve la sabiduría.

Piedra de los chakras: raíz (muladhara) y corazón (anahata).

GRANATE
Piedra de poder personal

Color: todos, excepto azul;
el rojo es el más común

Transparencia: de translúcida
a opaca

Dureza: 6,5 - 7,5

Raya: blanca

Brillo: vítreo

Fractura: de concoidea a desigual

Energía vigorosa

La conexión del granate con el primer chakra lo convierte en un cristal de fuerte arraigo y con una energía muy vigorosa que favorece la seguridad y la firmeza de carácter, la confianza en uno mismo y la determinación para llevar adelante todos nuestros sueños y proyectos. Es un cristal que revitaliza y equilibra la energía interna, limpia el aura y nos aporta vitalidad. No hay mejor remedio que un granate para alejar la tristeza y el desánimo, para hallar el coraje que se necesita cuando nos enfrentamos a situaciones complejas que parecen no tener salida. Es una piedra de poder personal y de voluntad, una verdadera fuerza motriz que nos dirige hacia el éxito y la prosperidad en todo lo que emprendamos. También es una piedra de equilibrio emocional, que promueve el respeto hacia uno mismo e inspira amor y pasión, liberándonos de inhibiciones y tabúes. Mentalmente nos ayuda a superar ideas que ya están anticuadas y obsoletas.

Beneficios físicos

Uno de los mayores poderes del granate en el plano físico es que aumenta el deseo y la potencia sexual y refuerza y protege el aparato reproductor. También fortalece el corazón, regula la circulación sanguínea, y limpia y purifica la sangre, lo que supone una magnífica ayuda en los tratamientos contra la anemia. Su efecto vigorizante se extiende a otros órganos, como el hígado, los riñones y los pulmones. Reduce las irritaciones de la piel, calma el dolor articular y promueve la mineralización de los huesos.

Poderes especiales

A todos estos beneficios generales, hay que sumar los específicos que aportan los diferentes colores del granate.

• **Piropo (de color rojo vivo):** es un símbolo de vitalidad, amor, éxito y calidad de vida. Es un cristal con un gran poder estabilizador, que fomenta la creatividad y la sabiduría, revitaliza los sentimientos y aleja la tristeza.

• **Almandino (de color rojo violáceo):** tiene un gran poder regenerador y vitalizante, atrae el amor profundo y abre la mente y el espíritu hacia el yo superior.

• **Rodolita (de color rojo rosado):** estimula la intuición, la sinceridad, la confianza y la sexualidad.

• **Espesartita (de color rojo anaranjado):** mentalmente, potencia la capacidad analítica y la racionalidad.

• **Hessonita (de color naranja oscuro):** abre las capacidades psíquicas, elimina sentimientos negativos, como la culpabilidad, y anima a emprender nuevos desafíos.

• **Granate demantoide (de color verde claro):** alivia la depresión y aleja los malos sueños.

Sabías que...

Para disfrutar de los beneficios personales del granate, tanto físicos como espirituales, lo mejor es llevar una joya que incluya esa piedra. Si lo que se desea es proteger el hogar o el trabajo de los sentimientos y las energías negativas, y al mismo tiempo atraer la prosperidad, habrá que colocar varios cristales en unos enclaves fijos y no moverlos de la posición elegida.

SUS PODERES

Simbología: poder personal y pasión.

Piedra zodiacal: Capricornio (22 de diciembre al 19 de enero). Los ayuda a expresar los sentimientos y las emociones.

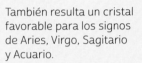

También resulta un cristal favorable para los signos de Aries, Virgo, Sagitario y Acuario.

PROPIEDADES

Curativas: aumenta el deseo y la potencia sexual, fortalece el corazón y la sangre, revitaliza diversos órganos y ayuda a la mineralización de los huesos.

Espirituales: revitaliza, purifica y equilibra nuestra energía interna.

Intelectuales: ayuda a abandonar ideas anticuadas y obsoletas.

Piedra de los chakras: raíz (muladhara).

LAS PIEDRAS DE ACUARIO

Fecha: 20 de enero al 18 de febrero
Elemento: aire
Planeta: Urano

Creatividad e independencia

Las personas nacidas bajo el influjo de Acuario suelen ser inteligentes, muy creativas y, por supuesto, sensibles. Muestran una curiosidad y unos deseos de aprender casi inagotables, lo que hace que siempre estén buscando nuevos retos, caminos inéditos que aún no hayan explorado. Con esa actitud, es evidente que el miedo a los cambios no entre en su forma de entender la vida. Acuario es también uno de los signos más independientes del Zodiaco, le gusta sentirse libre, vivir a su manera, incluso ir a contracorriente, y no suele aceptar de buen grado las normas establecidas. Son personas sociables, entusiastas, compasivas y empáticas, que ofrecen su apoyo desinteresado a quien lo necesite.

En definitiva, son individuos con una personalidad más marcada, pero, y aquí viene el inconveniente, esa personalidad muestra en ocasiones una clara dualidad que los hace impredecibles. Es entonces cuando sus virtudes se vuelven defectos: su curiosidad exacerbada puede transformarse en impaciencia y llevarlos a tomar malas decisiones; sus deseos de permanecer fieles a ellos mismos y a sus principios los aboca a la testarudez, a no aceptar consejos de nadie y a mostrarse fríos, distantes e insensibles con los demás; por último, sus ganas de libertad y de aventura dificultan que adquieran ningún tipo de compromiso.

Piedras para la salud y el amor

En el plano físico, hay varios problemas de salud que pueden afectar a los nativos de Acuario: si se relacionan con la circulación sanguínea, el citrino puede activarla; si se trata de trastornos de riñón, el cuarzo rosa será favorable al ejercer su acción sobre la regulación de los líquidos; si son desequilibrios hormonales, la amatista y la labradorita serán buenas aliadas; por último, cuando se trate de enfermedades respiratorias, la energía del lapislázuli puede resultar beneficiosa.

En el terreno amoroso, las cosas no suelen ser fáciles para los Acuario, ya que buscan relaciones en las que se respeten sus deseos de libertad, improvisación y originalidad. Con esas condiciones, no resulta fácil encontrar a la persona adecuada, pero si la hallan, hay que reconocer que la amarán con sinceridad, confianza y respeto. Las vibraciones del cuarzo rosa y del citrino pueden serles de gran ayuda en esa búsqueda y en el mantenimiento de la relación.

Piedras para el éxito en el trabajo

La curiosidad innata y el deseo de buscar nuevos horizontes que caracteriza a las personas de este signo son aliados muy favorables en lo que al trabajo se refiere, ya que les hace interesarse por ámbitos laborales muy diversos. Siempre encontrarán su lugar y en cualquier terreno en el que se incorporen aportarán ideas creativas e innovadoras. Su sociabilidad contribuirá a que se integren bien en un grupo y su buena capacidad para la comunicación será otro punto favorable para asociarse a cualquier empresa. La sodalita y la turquesa serán dos buenas aliadas para el trabajo, ya que la primera favorece la armonía en el grupo y la segunda mejora las dotes de comunicación. Casi el único inconveniente que tendrán los Acuario en el ámbito laboral será aceptar la jerarquía, debido a lo mucho que valoran su independencia.

LAS MEJORES PIEDRAS PARA ACUARIO

Las piedras preciosas más favorables para el signo de Acuario son el granate y la turquesa, cuyas energías los ayudan a mantener su sensatez, a continuar siendo personas cariñosas aun en circunstancias difíciles y a despejar la mente para que sus decisiones sean el producto de una reflexión seria y meditada, que contemple todas las posibilidades. También favorables son la sodalita, que consigue introducir algo de realidad en su carácter idealista; el cuarzo rosa, que favorece la integración armoniosa y no traumática de los cambios que tanto gustan a los Acuario; y la amatista y el cristal de roca, que calman su mente inquieta y favorecen la concentración.

Otras piedras y gemas alternativas que emanan vibraciones que les proporcionan grandes beneficios en diversos ámbitos de la vida son el jade, el aguamarina, el zafiro, el ópalo, el topacio azul, la hematita, el jaspe paisaje y el leonado, la calcita y la fluorita azules, la crisocola y la obsidiana.

Granate

Amatista

Jade

LAPISLÁZULI
Símbolo de la verdad

Color: varios tonos de azules intensos

Transparencia: de translúcida a opaca

Dureza: 5-5,5

Raya: azul intensa

Brillo: de mate a vítreo

Fractura: desigual

Piedra de energía espiritual

El lapislázuli es una piedra de purificación y autoconocimiento, un cristal que favorece la introspección y nos conecta con el mundo espiritual. Nos brinda mayor claridad, fomenta la autoconciencia, potencia la sabiduría y la verdad, otorgándonos el poder de visualizar de forma efectiva nuestra vida y el futuro. Debido a su potencial para entrar en contacto con nuestro subconsciente, nos ayuda a liberar bloqueos del pasado y nos proporciona paz interior. Al estar conectada con el chakra del tercer ojo, se considera una fuente de conocimiento e intuición, que nos permite una mayor percepción y un mayor grado de conciencia, lo que potencia nuestra capacidad para resolver los problemas. También se relaciona con el chakra de la garganta, lo que favorece la comunicación con nuestra voz interior, desarrolla la creatividad y los niveles de expresión. Es un cristal con un intenso poder protector, que reconoce el ataque de las energías negativas, las bloquea y las revierte a su fuente de origen; además, elimina los pensamientos tóxicos y negativos, como la ira y el rencor, que siempre nos acaban dañando. De este modo, consigue que sintamos la paz interior necesaria para seguir avanzando y así alcanzar nuestros propósitos.

Esta piedra nos ayuda a liberarnos de la tensión y del estrés, fortalece nuestras emociones y nuestros pensamientos, mejora la autoconfianza, calma la mente e impulsa su apertura hacia nuevas perspectivas. Todo ello contribuye a incrementar nuestras habilidades cognitivas y fortalecer nuestras capacidades físicas.

Propiedades curativas

La poderosa energía del lapislázuli fortalece el sistema inmunológico, el nervioso y el respiratorio, alivia las migrañas y los dolores de cabeza, de garganta y los asociados a la menstruación, reduce la presión sanguínea y es una buena aliada en el tratamiento de las algunas enfermedades, como la anemia y la epilepsia. Mejora los problemas de audición y los trastornos relacionados con la piel, ayuda a superar la depresión y favorece el sueño reparador. Situándola sobre los ojos inflamados, alivia la hinchazón. Purifica la sangre de sustancias nocivas, como la nicotona o el alcohol, y reduce la fiebre. También es beneficiosa para los niños que padecen el síndrome de Asperger, pues mejora su concentración.

Cómo limpiar el lapislázuli

Si deseamos que esta piedra tenga una larga vida, para su limpieza solo debemos emplear agua a temperatura ambiente y un jabón muy suave y mantenerla sumergida en el líquido unos pocos minutos. Después la secaremos con un paño.

Sabías que...

La capacidad del lapislázuli para promover la confianza en nosotros mismos y mejorar la capacidad de comunicación, haciendo que nos expresemos de una forma clara y sencilla, la convierten en una piedra muy recomendable para llevar como amuleto en conferencias, exposiciones o entrevistas de trabajo.

SUS PODERES

Simbología: sabiduría, paz interior y equilibrio.

Piedra zodiacal: Acuario (20 de enero al 18 de febrero). Los libera de tensiones y preocupaciones y elimina las emociones negativas.

Piedra de armonía: equilibra y armoniza todos los planos de nuestro ser.

PROPIEDADES

Curativas: fortalece el sistema inmunológico y el nervioso, alivia diversas dolencias y ayuda en el tratamiento de la depresión.

Espirituales: proporciona luz al alma y al espíritu, y resulta muy favorable para la meditación.

Intelectuales: proporciona sabiduría y calma a la mente. Es un cristal de salud mental.

Piedra de los chakras: garganta (vishuddha) y del tercer ojo (ajna).

AMATISTA
La piedra de la armonía

Color: violeta, desde púrpura a lavanda
Transparencia: de translúcida a opaca
Dureza: 7
Raya: blanca
Brillo: vítreo
Fractura: concoidea

Talismán energético y espiritual

La energía de la amatista está considerada poderosa en extremo, con un intenso poder protector y espiritual. Es una piedra que purifica los chakras, limpia energéticamente el aura, repele cualquier ataque psíquico y bloquea las energías negativas del ambiente. Resulta muy favorable para la meditación, pues sus vibraciones calman la mente e inducen a la relajación, al tiempo que estimulan la intuición, nos ayudan a conectar con nuestro yo superior y con lo divino, y a acceder a niveles más profundos de conciencia y sabiduría. Su capacidad para atraer las energías positivas nos libera de la tristeza, brinda sabiduría y claridad mental para hacer frente a los momentos difíciles y proporciona una sensación de paz y bienestar interior que potencia lo mejor de nosotros mismos en todos los planos de la existencia. El poder calmante de la amatista alivia los miedos, las tensiones, la ansiedad y el estrés, y nos protege de emociones negativas, como la irritabilidad. Además, despierta la creatividad, aumenta la autoestima y mejora la comunicación. En definitiva, la amatista equilibra y conecta los planos mental, emocional y físico con el espiritual.

Piedra de amor y fortuna

Otra de las propiedades más sobresalientes de la amatista es que atrae y fomenta el amor verdadero en la pareja, además de fortalecer los lazos de la amistad. También refuerza el amor dentro del núcleo familiar. Para disfrutar de estos beneficios, lo adecuado es llevar siempre un amuleto de amatista o regalarlo a la persona en la que deseemos despertar sentimientos más intensos. Si lo que queremos es que el ambiente familiar se llene de una energía limpia y positiva que favorezca la armonía y las emociones, lo mejor es colocar en cualquier lugar de la casa una geoda o una drusa grandes de esta piedra.

Pero el poder de la amatista no termina aquí, ya que también está considerada como una piedra de suerte y prosperidad, que ayuda a conseguir los objetivos personales y a alcanzar el éxito.

La sanación física

En el plano físico, los beneficios que aporta la amatista son innumerables: alivia el dolor de cabeza y la tensión muscular, favorece el sueño reparador, acelera los procesos de curación de heridas y hematomas, reduce la hinchazón, trata los trastornos auditivos, limpia el organismo de toxinas, estimula la producción de hormonas, aumenta la fertilidad, protege el corazón, las vías respiratorias y los órganos del aparato digestivo y fortalece el sistema inmunitario.

Sabías que...

Los expertos en piedras energéticas consideran la amatista como un «cristal maestro sanador», ya que afirman que puede emplearse para tratar cualquier dolencia física, emocional o espiritual. Por ejemplo, alivia las migrañas y el insomnio, es útil en el tratamiento de las adicciones, calma el temperamento impulsivo o agresivo y ayuda a realizar la transición a la muerte con serenidad y paz de espíritu.

SUS PODERES

Simbología: sabiduría, protección y amor verdadero.

Piedra zodiacal: Acuario (20 de enero al 18 de febrero). Los ayuda a tener una mejor visión de la realidad. También es favorable para Libra y Piscis.

PROPIEDADES

Curativas: alivia dolores y tensiones, acelera la curación, protege órganos vitales y refuerza el sistema inmunitario.

Espirituales: protege contra ataques psíquicos y malas energías, resulta muy favorable para la meditación.

Intelectuales: mejora la concentración y la capacidad de comunicación.

Piedra de los chakras: tercer ojo (ajna).

LAS PIEDRAS DE PISCIS

Fecha: 19 de febrero al 20 de marzo

Elemento: agua

Planeta: Neptuno

Sensibilidad y espiritualidad

El signo de Piscis es uno de los más sensibles, leales y altruistas de todo el Zodiaco. Las personas nacidas bajo su influjo son extraordinariamente emocionales y empáticas, poseen una generosidad innata para entender, conectar y ayudar a los demás de forma desinteresada; siempre están atentas a las necesidades de todos y dispuestas a prestar su apoyo si es necesario. Son personas intuitivas, de carácter abierto pero discreto, modestas, aunque con una cierta tendencia a la melancolía. Adoran la belleza y poseen un gran talento creativo que suelen expresar en el arte, la literatura o la música, que se muestran como vehículos muy adecuados para exponer y comunicar sus sentimientos y emociones. Los Piscis entienden el mundo desde la más profunda emocionalidad y espiritualidad, lo que a veces los hace sentirse un poco perdidos; son soñadores románticos que aman la poesía de la vida. Para equilibrar sus emociones y su espiritualidad, la energía del citrino resulta muy beneficiosa, pues también aporta optimismo a sus actividades cotidianas. Este cristal los ayudará a confiar en su intuición, a mostrar sin miedo su sensibilidad y su empatía, y a convertir sus sueños en la mejor guía para perseguir la felicidad.

El mejor resumen que puede hacerse sobre la personalidad de los Piscis está representado en su propio símbolo zodiacal, los dos peces unidos por una cinta. Ese emblema es una perfecta alegoría de los dos aspectos opuestos de su carácter: el pez que mira hacia arriba simboliza la intuición, la creatividad y la espiritualidad que caracteriza a este signo; el pez que mira hacia abajo representa su conexión con el mundo y los deseos más terrenales; y la cinta que une a ambos encarna la armonía, la habilidad de los nativos de este signo para moverse entre dos dimensiones tan diferentes.

Pasión y romanticismo

Como buenos idealistas y soñadores, a los Piscis les gusta enamorarse y lo hacen rápidamente, viviendo la relación con una intensa emocionalidad desde el primer día, y en muchas ocasiones sin haber tenido tiempo de conocer bien a la otra persona. Su entrega es completa y su creatividad ocupa un lugar destacado en la forma de llevar la relación. Son personas generosas con su pareja y muy románticas; saben y desean mantener ese romanticismo durante años de relación y les gusta dar y recibir regalos y muestras de afecto. Cristales como el cuarzo rosa y el citrino les pueden ayudar a reforzar la confianza en sí mismos.

Piedras para el trabajo

Los trabajos creativos son en los que mejor se desenvuelven los nativos de este signo. Les gusta poner su toque personal en todo lo que hacen y precisan de cierta libertad y autonomía para expresar mejor sus capacidades; si estas se bloquean, el ojo de tigre puede ayudar a que fluyan de nuevo. Su generosidad y su empatía los convierte en excelentes compañeros de trabajo, aunque hay que acostumbrarse a que de vez en cuando se «pierdan» en su mundo interior para luego dar lo mejor de sí mismos. Para lograr un buen rendimiento tienen que percibir que el entorno no les es hostil y también deben sentirse motivados, tiene que gustarles lo que están haciendo, ya que la compensación económica no suele ser su motor.

LAS MEJORES PIEDRAS PARA PISCIS

Las piedras preciosas más favorables para el signo de Piscis son el aguamarina y la amatista, dos cristales que potencian sus ideales, les permiten tener una visión más clara de la realidad y consiguen relajar la tensión que a veces los domina para convertirlos en personas más eficientes y seguras. La turquesa y el topacio también son cristales favorables para los Piscis, los ayudan a lograr el equilibrio entre lo emocional y lo racional, canalizando su energía amorosa y su pasión. Otras piedras y gemas alternativas que les proporcionan grandes beneficios son la lepidolita, la fluorita violeta, el zafiro, la piedra de luna, el coral, el cristal de roca, el lapislázuli y la celestina.

Turquesa

Lepidolita

Aguamarina

TURQUESA
Piedra sanadora y protectora

Color: azul, azul verdoso, verde

Transparencia: normalmente opaca

Dureza: 5-6

Raya: de blanca a verde

Brillo: de cerúleo a mate

Fractura: concoidea

Conexión y purificación

Desde muy antiguo, la turquesa está considerada una piedra de conexión entre el cielo y la tierra, una piedra que favorece la sintonía entre nuestro mundo físico y el espiritual, que mejora nuestras habilidades psíquicas y potencia la sabiduría, la comunicación y la expresión. Situada sobre el chakra del tercer ojo estimula la meditación y la intuición, y sobre el de la garganta, nos libera de inhiciones y miedos antiguos para que nuestro espíritu se exprese libremente. También es una piedra de equilibrio y empatía, que nos fortalece a todos los niveles y nos proporciona serenidad, estabilidad, optimismo y alegría de vivir. Como cristal de purificación, la turquesa ayuda a limpiar nuestra energía y a liberar el alma de cualquier negatividad; nos trae tranquilidad interior y equilibrio emocional, estabilizando los estados de ánimo y atemperando los excesos; nos libera del estrés y la depresión, aumenta la autoestima y la confianza en uno mismo, fortalece la vitalidad y las emociones positivas y atrae el amor romántico.

La turquesa de color verde, llamada tibetana, posee una vibración más intensa que la azul, favoreciendo especialmente el desbloqueo de la energía del chakra de la garganta y eliminando el origen de cualquier problema de autoexpresión que venga del pasado.

Piedra curativa

Desde muy antiguo se considera que la turquesa canaliza las energías curativas del cosmos, por lo que sus beneficios en el plano físico son innumerables. Estimula la regeneración de los tejidos, regula y refuerza el sistema nervioso y el inmunitario, limpia los fluidos corporales, alivia los problemas respiratorios y los relacionados con los oídos y la nariz, reduce la inflamación, acelera la curación de las heridas, previene los calambres y protege de los contaminantes atmosféricos y las radiaciones.

Simbología: bienestar para el cuerpo y el espíritu.

Piedra zodiacal: Piscis (19 de febrero al 20 de marzo). Los ayuda a potenciar sus cualidades. También es beneficiosa para los Géminis, Sagitario y Acuario.

PROPIEDADES

Curativas: favorece el descanso y la vitalidad, regenera los tejidos y nos protege de las radiaciones.

Espirituales: tiene poder limpiador, revitalizante y protector, y propicia el equilibrio emocional.

Intelectuales: proporciona calma y claridad mental, aumenta la creatividad y mejora la expresión.

Una buena sanadora

La turquesa es una de las piedras de sanación más poderosas que existen, pues ofrece tanto bienestar al cuerpo como alivio al espíritu, contribuyendo de este modo a que nos sintamos más felices y seguros de nosotros mismos. Por estas cualidades resulta un cristal excelente para acompañarnos en cualquier cambio que deseemos dar a nuestra vida, ayudando a que lo afrontemos con una gran energía vital y confianza en lograr el éxito.

Sabías que...

La poderosa energía que encierra la turquesa hace aconsejable que nunca se combine con otras piedras, ya que impide que se expresen las demás. Solo de forma ocasional puede combinarse con piedras azules de energía similar, como son el aguamarina, el lapislázuli o el ágata azul. Cuando, con el paso del tiempo, la turquesa comience a agrietarse y se vuelva opaca, habrá que desecharla porque son los signos que indican que ya ha desprendido todas las buenas vibraciones que encerraba.

Piedra de los chakras: garganta (vishuddha) y del tercer ojo (ajna).

AGUAMARINA
Piedra de suerte y protección

Color: de azul intenso a verde azulado

Transparencia: de transparente a translúcida

Dureza: 7,5-8

Raya: blanca

Brillo: vítreo

Fractura: de desigual a concoidea

Especial para personas sensibles

La aguamarina es un cristal que se asocia al equilibrio en todos los niveles. Potencia la claridad mental, la paz interior y la autoestima, favorece la comunicación y la expresión, aporta esperanza y fomenta la creatividad. Posee una energía calmante que ayuda a reducir el estrés y la ansiedad, a generar serenidad y sosegar la mente. Sus vibraciones elevan la espiritualidad hasta alcanzar un nivel absoluto, ayudando a expandir la conciencia superior y la compasión, y favoreciendo la meditación y el equilibrio de los chakras, por lo que suele emplearse para conectar con el pasado y sanar heridas del alma que tienen allí su origen primario. Psicológicamente es un gran apoyo para las personas con una elevada sensibilidad, pues las ayuda a fortalecer su personalidad y a no dejarse abrumar por las responsabilidades y la toma de decisiones. Además, la aguamarina es una piedra con gran poder protector, que aleja las energías negativas, las emociones perniciosas, como la envidia, y combate el mal de ojo; para aprovechar estas cualidades protectoras, lo mejor es usar la piedra en un collar. Antiguamente, era un amuleto habitual entre los navegantes, pues aseguraban que prevenía los accidentes y los libraba de los peligros que surgían en las travesías marítimas.

Amor, suerte y prosperidad

La aguamarina también se considera una piedra que atrae y fortalece el amor verdadero y la amistad, ayudándonos a ser más leales, compasivos y tolerantes con las personas que nos rodean, creándonos de este modo un sentimiento de mayor felicidad y alegría. También afianza las relaciones frágiles y refuerza el amor ya consolidado. La prosperidad, la riqueza y la buena suerte son otros de los rendimientos beneficiosos que nos aportan los amuletos de aguamarina.

Propiedades curativas

Los cristales de aguamarina calman, desinflaman y descongestionan cualquier dolencia si se colocan sobre la zona del cuerpo afectada. Son especialmente efectivos contra los dolores de garganta, oídos y muelas, la tos y la laringitis, así como con las infecciones oculares. También ejercen una acción beneficiosa en el aparato respiratorio y en la circulación general de los líquidos corporales. Fortalecen el sistema inmunológico, regulan el latido cardíaco y la circulación sanguínea, reducen la presión arterial, alivian el mareo, las náuseas y los problemas de piel, tales como irritaciones y sequedad.

Sabías que...

La aguamarina es un amuleto muy apropiado para todas aquellas personas que desarrollen actividades artísticas y creativas, pues sus vibraciones favorecen la expresividad de las emociones y los sentimientos, además de suponer un importante estímulo mental. Su uso también es muy recomendable en las artes adivinatorias, pues favorece la clarividencia y las percepciones mediúmnicas.

SUS PODERES

Simbología: alegría y dulzura.

Piedra zodiacal: Piscis (19 de febrero al 20 de marzo). Les aporta buena suerte y prosperidad. También resulta un cristal muy favorable para los signos de Cáncer, Libra y Acuario.

PROPIEDADES

Curativas: tiene un efecto tonificante general y alivia especialmente los trastornos de garganta, oídos, ojos y piel.

Espirituales: es una piedra de meditación, que fomenta la intuición y favorece la clarividencia.

Intelectuales: calma la mente, eliminando pensamientos innecesarios y mejorando la percepción.

Piedra de los chakras: garganta (vishuddha).

LAS PIEDRAS NATALES

Estrechamente ligadas con las piedras zodiacales y actuando como un seguro refuerzo de sus propiedades energéticas están las llamadas piedras natales o de nacimiento, que se asocian directamente con el mes o el día en que hemos nacido. Seleccionar la que nos corresponde y llevarla siempre cerca de nuestra piel, ya sea en forma de pulseras, anillos, colgantes o amuletos, puede resultar un buen apoyo para lograr nuestros propósitos en la vida. Y es que cada piedra natal posee una energía natural curativa que se proyecta sobre distintos aspectos de nuestra existencia; algunas limpian y purifican el aura, otras favorecen la autoconfianza y alejan los miedos, y también las hay que auspician las buenas relaciones sociales y de pareja. Dejemos que el brillo y la transparencia de las poderosas piedras natales actúen como guía de iluminación en nuestro destino.

Todas aquellas personas que confiamos en las propiedades beneficiosas de las piedras conocemos la importancia que tiene la elección de ese amuleto mágico que nos acompañará todos los días y en circunstancias muy diversas. Aunque esa elección conviene realizarla de forma intuitiva, dejando que sea el propio cristal el que nos envíe su «señal», nunca está de más conocer los cristales que se han asociado tradicionalmente con nuestro mes y día de nacimiento, ya que ellos podrán influir en el desarrollo de nuestra personalidad y en las cualidades que nos acompañan.

Piedras de nacimiento por mes

Aunque a cada mes del año suele corresponderle una sola piedra natal, hay algunos meses a los que se asignan varias. La existencia de esta diversidad de opciones se debe, generalmente, a que la piedra consignada tradicionalmente tiene un precio elevado, mientras que las alternativas resultan más asequibles.

Enero - Granate

Es una piedra que se asocia con la confianza y la constancia para lograr todos nuestros objetivos, además de favorecer la amistad, el amor de pareja y la cohesión y la armonía en la familia.

Febrero - Amatista

Esta variedad de cuarzo de color violeta o púrpura fomenta la creatividad, la autoestima y la paz interior; además, es un cristal muy eficaz para calmar la ansiedad y el estrés, y protegernos de las energías negativas.

Marzo - Aguamarina

Esta es la piedra de la salud y la paz mental, de la suerte, la abundancia, el amor y la protección. Otras buenas alternativas para los nacidos en marzo son la sanguinaria o piedra de sangre y la morganita.

Abril - Diamante

Esta piedra es símbolo de la máxima pureza, la claridad, el compromiso y la fidelidad. También favorece la autoconfianza, ayuda a superar los miedos y fortalece los sentimientos de amor en la pareja.

Mayo - Esmeralda

Es una piedra de sanación, que ayuda a encontrar la armonía y la paz mental y emocional. También aumenta la atracción entre la pareja y es un poderoso imán para la prosperidad y la estabilidad económica.

Junio - Alejandrita

Esta piedra revitaliza el cuerpo y la mente, potencia la fuerza de voluntad y aumenta la intuición. Otra buena alternativa para los nacidos en el mes de junio es la perla, un símbolo tradicional de la prosperidad.

Julio - Rubí

Esta piedra preciosa es símbolo de amor, éxito, valor y alegría de vivir. Favorece la positividad, la capacidad de liderazgo y nos hace más perceptivos para aprovechar las oportunidades que atraigan la abundancia.

Agosto - Peridoto

El peridoto, la espinela y la sardónice son cristales favorables para los nacidos en agosto; les traerán felicidad, paz mental y protección contra los pensamientos negativos y las malas energías.

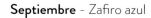
Septiembre - Zafiro azul

Es una piedra que simboliza la paz, la calma y la seguridad, que ayuda a superar la timidez, destierra la intolerancia y aumenta la introspección, ya que posee una intensa energía espiritual.

Octubre - Turmalina rosa

Todas las variedades cromáticas de la turmalina son apropiadas para los nacidos en octubre, pero especialmente la rosa les reportará paz, armonía, vitalidad y amor. Una buena alternativa es el ópalo.

Noviembre - Topacio dorado

El topacio dorado o imperial y el citrino son las piedras favorables para los nacidos en noviembre, a quienes proporcionarán felicidad y abundancia, y protegerán de las energías negativas del entorno.

Diciembre - Turquesa

Esta piedra es un magnífico talismán para el amor y la buena suerte, que propicia la sintonía entre lo físico y lo espiritual. Otras buenas alternativas son el topacio azul, la tanzanita, el lapislázuli y el circón azul.

Piedras de nacimiento por día de la semana

Otra alternativa para escoger la piedra natal es hacerlo en función del día de la semana en que se produce el nacimiento. A diferencia de las anteriores, el criterio para la elección de la piedra natal por día no se encuentra estandarizado y existen varias opciones. La que mostramos seguidamente es la selección más habitual. En ella, además de las gemas correspondientes a cada día, también se señala el cuerpo celeste que se le asigna y el significado del cristal.

Lunes
Cuerpo celeste: Luna
Piedra de nacimiento: piedra de luna
Significado: intuición y propósito

Domingo
Cuerpo celeste: Sol
Piedra de nacimiento: citrino
Significado: abundancia

Martes
Cuerpo celeste: Marte
Piedra de nacimiento: rubí
Significado: pasión y energía

Sábado
Cuerpo celeste: Saturno
Piedra de nacimiento: zafiro azul
Significado: sinceridad y fidelidad

Miércoles
Cuerpo celeste: Mercurio
Piedra de nacimiento: esmeralda
Significado: equilibrio y calma

Viernes
Cuerpo celeste: Venus
Piedra de nacimiento: diamante
Significado: amor y belleza

Jueves
Cuerpo celeste: Júpiter
Piedra de nacimiento: zafiro verde
Significado: felicidad y prosperidad

MORGANITA
Piedra para el amor

Color: rosa, rosa liláceo, melocotón, naranja, amarillo rosado

Transparencia: de transparente a translúcida

Dureza: 7,5-8

Raya: blanca

Brillo: vítreo

Fractura: de desigual a concoidea

Progreso espiritual

La morganita o esmeralda rosa, nombre que también se da a esta hermosa piedra, se encuentra estrechamente relacionada con el chakra del corazón, cuya energía limpia, permitiendo que fluya en armonía y deshaga sus posibles bloqueos. Al mismo tiempo, logra que progresemos espiritualmente, pues nos ayuda a conectar con los poderes superiores, a reconocer las necesidades del alma y a atenderlas adecuadamente, favoreciendo que podamos acceder a recuerdos del pasado. Resulta muy beneficiosa en la práctica de la meditación, ya que favorece que desarrollemos nuestras habilidades psíquicas.

Es un cristal que estimula la mente y atrae la sabiduría, que nos ayuda a contemplar todas las posibles opciones que se abren ante una situación compleja y que bloquea cualquier sentimiento negativo que entorpezca nuestro avance, como puede ser el egoísmo. También mejora la creatividad, estimula la paciencia y el respeto hacia nosotros mismos y hacia los demás, y favorece que sintamos toda nuestra fuerza y belleza interior. Continuando en el plano emocional, nos brinda el apoyo necesario para que seamos conscientes de los sentimientos reprimidos y los no satisfechos.

Disfrutar de la vida

Las potentes vibraciones amorosas que emite la morganita la convierten en el cristal perfecto para las relaciones humanas, pues relajan las tensiones y potencian los pensamientos y las acciones afectuosas y amatorias. Es una energía que atrae el amor profundo y ayuda a mantenerlo, mejorando la experiencia sexual al favorecer el goce y el disfrute. Esta piedra es una gran aliada para todas aquellas personas que practiquen el amor tántrico.

Pero no solo es favorable para el amor físico, también para establecer nuevas relaciones de amistad y para el

progreso personal y profesional, pues atrae la positividad y la alegría de vivir, y aleja el desánimo, recargándonos de energía para alcanzar el éxito en todos los proyectos que emprendamos.

Propiedades curativas

En el plano físico, la morganita se emplea en el tratamiento del estrés, la ansiedad y otras enfermedades nerviosas; también en el de los trastornos que afectan a la vista y al corazón (regula su ritmo y la presión sanguínea), y en el de las enfermedades pulmonares, como la tuberculosis, la bronquitis, el asma o el enfisema pulmonar. Además, oxigena las células y combate el insomnio, los vértigos y la impotencia.

Sabías que...

Para disfrutar de los beneficios de la morganita, lo más eficaz es llevar siempre con nosotros una joya o un amuleto hecha con esta piedra, o colocar un cristal en una habitación de la casa o en el lugar de trabajo. También la podemos emplear para desarrollar el poder de videncia a través de los sueños; para ello, habrá que buscar un sitio tranquilo, relajar el cuerpo y la mente, y formular las preguntas para las que precisemos respuestas.

SUS PODERES

Simbología: conciencia y amor.

Piedra zodiacal:
Libra (21 de septiembre al 22 de octubre). Los ayuda a manejar eficazmente los sentimientos y a crecer espiritualmente.

También es una piedra apropiada para los signos de Leo, Escorpio, Acuario y Piscis.

Piedra de nacimiento: para los nacidos en marzo.

PROPIEDADES

Curativas: alivia dolencias nerviosas, del corazón y los pulmones; trata la impotencia.

Espirituales: piedra de progreso espiritual y muy favorable para la meditación.

Emocionales: potencia la positividad y la autoconfianza, atrae el amor y la amistad.

Piedra de los chakras: corazón (anahata).

PERLA
Pureza y espiritualidad

Color: blanca, crema, rosa pálido, melocotón, dorado, plateado, arcoíris, amarillo, verde oscuro, azul, marrón, gris o negra
Dureza: 3-3,5
Brillo: iridiscente

Una energía femenina

La perla es una piedra de conocimiento que ayuda en la meditación para equilibrar todos los planos de la persona y así lograr un aumento de los niveles de conciencia. Limpia y armoniza el aura e ilumina la mente para que discierna con mayor claridad, aumentando la sabiduría. Sus vibraciones son de naturaleza femenina, lo que supone que pueden equilibrar los excesos de energía yang o masculina. Está asociada al chakra raíz y eso resulta favorable para una mejor conexión con la tierra, que nos ayudará a centrarnos en la realidad. Es una piedra que fomenta la intuición, las percepciones psíquicas y la imaginación.

En el plano emocional, ayuda a controlar los sentimientos, evitando los cambios de humor, sana las heridas y favorece que afrontemos los cambios con mayor serenidad. Promueve la amabilidad, la lealtad y la justicia, así como la autoconfianza y la seguridad para enfrentarnos a cualquier desafío.

Piedra protectora

Otra de las cualidades más notables de la perla es que protege de las energías negativas del ambiente, absorbiéndolas y transmutándolas en positivas, lo que genera un efecto calmante y de bienestar emocional. También protege de pensamientos y sentimientos violentos y negativos, alejando la ira, el miedo y la angustia. Es una piedra de felicidad, que atrae la amistad y el amor verdadero, tanto hacia uno mismo como hacia los demás. Hay que tener en cuenta que el polvo de perla diluido en una bebida tiene propiedades afrodisíacas y aumenta la fertilidad femenina. Además, la perla promueve la fortuna, la prosperidad y la abundancia.

Propiedades medicinales

Se emplea para equilibrar el sistema nervioso, calmar las palpitaciones cardiacas, rejuvenecer la piel y aportarle mayor lozanía y brillo, así como para eliminar manchas y cicatrices, y combatir las señales del acné. También ayuda en los tratamientos contra la falta de calcio debida a una mala alimentación y en los problemas oculares, alivia el dolor de estómago y los trastornos digestivos, protege el intestino, estimula las glándulas suprarrenales y reduce la temperatura corporal cuando se ha elevado de forma irregular. Además, el polvo de perla aplicado en forma de mascarilla reduce y previene las arrugas.

Sabías que...

Las propiedades beneficiosas de las perlas varían ligeramente dependiendo de su color. Así, las blancas promueven especialmente la espiritualidad; las de tonos crema, la calma y el sosiego; las grises, la discreción y la modestia; las rosadas, el amor y el afecto; las verdes diluyen la ansiedad y la tensión; las azules fomentan la creatividad y las negras tienen unas vibraciones altamente protectoras.

SUS PODERES

Simbología: pureza y conocimiento.

Piedra zodiacal favorable: para los signos de Aries, Géminis, Libra y Capricornio.

Piedra de nacimiento: para los nacidos en junio.

PROPIEDADES

Curativas: combate problemas nerviosos y digestivos, mejora la calidad de la piel, elimina manchas y cicatrices, y favorece la fertilidad.

Espirituales: es una piedra de conocimiento, intuición y sabiduría, que protege de las energías negativas.

Emocionales: aumenta la positividad y la generosidad, y atrae y fortalece el amor y la amistad.

Piedra de los chakras: chakra raíz (muladhara).

CIRCÓN
Piedra de armonía, prosperidad y sabiduría

Color: muchos colores

Transparencia: de transparente a opaco

Dureza: 7,5

Raya: blanca

Brillo: de adamantino a aceitoso

Fractura: de desigual a concoidea

Conexión entre los chakras

La felicidad más intensa y duradera es la que se gesta en nuestro interior y desde allí trasciende hacia la superficie, como un fuego vivificador que regenera y alcanza nuestra parte consciente, como una fuerza restauradora que se esparce también a nuestro alrededor. Así es el poderoso efecto del circón, una piedra cuyos beneficios han sido conocidos desde tiempos remotos. Es una piedra con una potente energía espiritual, que moviliza la de todos los chakras, desde los superiores hasta el chakra del corazón, que actúa de vía de conexión con los inferiores, hasta llegar al chakra raíz. Esta corriente de energía que fluye lentamente por todo el organismo ayuda a armonizar el cuerpo con el espíritu, facilita la meditación y estimula el amor hacia uno mismo y hacia los demás, promoviendo los sentimientos de empatía. Estimula la concentración, conecta con la intuición y promueve la claridad de mente, de modo que contribuye a que actuemos con mayor eficacia para lograr nuestros objetivos.

Armonía y protección

El circón también actúa como un magnífico amuleto de protección contra los ataques psíquicos y las malas energías, a las que transmuta en fuerzas positivas. Es una piedra de virtud, ya que ayuda a equilibrar todos los aspectos bondadosos, puros e íntegros que hay en nosotros, además de ser también un cristal de sabiduría, que favorece el desapego por las cosas materiales, pero que al mismo tiempo atrae la riqueza y concede buen juicio para manejar las finanzas personales y empresariales.

Cómo usar el circón

Aunque podemos utilizar cualquier color de cristal para experimentar sus beneficios, algunos potencian más unos aspectos que otros. Así, el circón incoloro (transparente) es el que más ayuda en la meditación y en la búsqueda de la iluminación espiritual; el anaranjado ofrece una excelente protección contra las energías negativas; el rojo favorece la sanación del cuerpo y la prosperidad; el marrón otorga estabilidad y abundancia; y el verde atrae la riqueza.

También la colocación del cristal en una zona u otra de nuestro cuerpo potenciará ciertos efectos. Si situamos el circón sobre el chakra de la corona o el del tercer ojo, mejora nuestro discernimiento; colocado entre el chakra de la garganta y el del corazón estimulará nuestros sentimientos más compasivos; y si lo hacemos sobre el chakra del plexo solar, atraerá las riquezas, especialmente si el cristal es de tonalidades amarillas o doradas.

Sabías que...

El circón es una piedra mágica rodeada de leyendas. Según la mitología antigua, era la más apropiada para ofrecérsela a los dioses; la tradición judía la identificaba con el ángel que guio a Adán y Eva en el jardín del edén, y en un legendario poema hindú se menciona que el mítico árbol Kalpa, el que tenía el poder de cumplir cualquier deseo, estaba adornado con hojas de circón.

SUS PODERES

Simbología: fuego interior que repara y alimenta el espíritu.

Piedra de nacimiento: la de color azul favorece a los nacidos en el mes de diciembre.

Piedra zodiacal favorable: Aries, Tauro, Virgo, Libra, Escorpio, Sagitario y Piscis.

PROPIEDADES

Curativas: alivia el dolor, los calambres y las ampollas, y ayuda a conciliar el sueño y a mejorar su calidad.

Espirituales: favorece la meditación, la intuición y la virtud, aporta serenidad y equilibrio.

Intelectuales: potencia la claridad de mente y la sabiduría.

Piedra de los chakras: actúa sobre los siete.

SARDÓNICE
Felicidad, optimismo y confianza

Color: casi todos

Transparencia: de translúcida a opaca

Dureza: 6,5-7

Raya: blanca

Brillo: de vítreo a cerúleo

Fractura: concoidea

Fácil conexión

Las poderosas vibraciones de la sardónice conectan fácilmente con los diferentes chakras, dependiendo del lugar sobre el que situemos la piedra y de los colores que presenten sus bandas; por ejemplo, las de tonalidades más claras conectan mejor con el chakra del corazón, las más oscuras con el chakra raíz, y aquellas en las que predomina el blanco conectan mejor con el chakra del tercer ojo y el de la corona. Su alta energía nos proporciona una intensa acción protectora a nivel psíquico, estimula nuestras habilidades clarividentes y resulta muy adecuada para la meditación.

Es un cristal con excelentes propiedades, que fomenta la motivación y la fuerza de voluntad, mejora la percepción y la capacidad de asimilación, proporciona estabilidad emocional y aumenta la fuerza de carácter y la confianza en nosotros mismos y en los demás. También fomenta la concentración y por eso resulta muy adecuada para el estudio o para cualquier trabajo que precise de disciplina mental. Al favorecer la disciplina mental y el enfoque, ayudará mucho en la toma de decisiones complejas. Además, es una piedra que aumenta la creatividad, por lo que se recomienda a todas aquellas personas que desarrollen profesiones artísticas.

Piedra de amor y amistad

La sardónice es una piedra que nos hace más amables, benevolentes y generosos, más leales y sociables, impulsándonos a crear y a afianzar los vínculos amorosos y de amistad. Nos muestra el camino hacia el bienestar y la felicidad, y en esas condiciones podremos disfrutar plenamente de la vida y alejar las penas y la tristeza, la ansiedad y el estrés. También es un cristal que atrae la buena suerte y la prosperidad.

Propiedades curativas

Uno de los principales beneficios de la sardónice a nivel físico es que refuerza el sistema inmunitario a largo plazo. También favorece el proceso digestivo, alivia el dolor de estómago y las cefaleas, mejora las dolencias hepáticas y respiratorias, así como los problemas relacionados con la audición y el asma. Combinada con el lapislázuli o la aventurina calma los dolores de espalda y fortalece los huesos. Para aprovechar estos beneficios curativos, lo más aconsejable es situar el cristal sobre la zona del cuerpo afectada.

Sabías que...

La sardónice combina perfectamente con muchas otras piedras. Por ejemplo, si queremos aumentar su efecto protector, podemos combinarla con la obsidiana, la hematita, la labradorita y el ojo de tigre; si lo que buscamos es mayor claridad mental, la asociación con apatito amarillo resulta muy beneficiosa; por último, si deseamos promover la fuerza de voluntad, la usaremos junto con la cornalina naranja o la pirita.

Simbología: disciplina mental, optimismo y protección.

Piedra zodiacal favorable: Aries, Tauro, Leo y Virgo.

Piedra de nacimiento: para los nacidos en agosto.

PROPIEDADES

Curativas: refuerza el sistema inmunológico, favorece la digestión y alivia los problemas respiratorios.

Emocionales: aumenta el autocontrol y la estabilidad emocional, atrae el optimismo, el amor y la amistad.

Intelectuales: mejora la concentración y la capacidad de asimilación, y aumenta la disciplina y la fuerza de voluntad.

Piedra de los chakras: todos los chakras.

TALISMANES DE LA SUERTE, DEL DINERO Y DEL AMOR

No hay estudios científicos que avalen que las piedras y los cristales posean poderes mágicos para atraer la buena suerte, el éxito, el dinero, la abundancia y la prosperidad en todos los ámbitos de la vida. Tampoco hay evidencias de que garanticen encontrar y mantener el amor, esa maravillosa fuerza energética que no solo gobierna la vida en pareja, sino que también se extiende a las relaciones familiares y amistosas, haciéndolas verdaderamente placenteras.

Pero, al igual que no hay estudios a favor, tampoco existe ninguno que niegue esa creencia. Y teniendo en cuenta que desde hace 2 000 años las piedras, especialmente las gemas preciosas, se han empleado como talismanes para este fin, ¿por qué no seguir con esa tradición?

Buena suerte, éxito, dinero y amor son deseos universales, sueños que todos perseguimos. A veces, los tenemos a nuestro alcance y solo se trata de abrir la mente y contemplar todo lo bueno y deseable que nos rodea; en otras ocasiones, hay que dirigir nuestra energía a conseguirlo y, en ese esfuerzo, los poderes mágicos de las piedras pueden suponer una gratificante ayuda.

Piedras de la buena suerte y del éxito

Una de las más apreciadas para este fin es el ojo de tigre, esa bellísima gema que recuerda a la piel del felino por sus bandas de tonalidades marrones, naranjas y negras. Sus poderes se dirigen especialmente al logro del éxito profesional, como también lo hacen los de la malaquita. Cuando se trata de atraer el éxito a nivel general, hay muchas candidatas, aunque sin duda el cristal de roca es la mejor, seguida por la labradorita, cuya energía resulta casi tan poderosa como la de la anterior. La rodocrosita también nos puede ayudar en la consecución de estos fines, ya que su energía favorece que nuestro poder personal alcance el máximo potencial, dándonos confianza para perseguir nuestros objetivos.

Baño para atraer la buena suerte y la fortuna

Para este ritual, cada uno debemos elegir su piedra más beneficiosa. También necesitaremos unas gotas de aceite esencial de limón, bergamota o peonía, hierbas aromáticas (tomillo, hierbabuena, perejil y laurel), una pizca de canela, una cucharada de miel, un vaso de agua de lluvia y dos velas, una amarilla y otra plateada.

Debemos buscar el momento propicio para que resulte más eficaz y comenzar el ritual un domingo con la luna en fase creciente. Reunimos todos los elementos citados en un recipiente, excepto las velas, y los dejamos reposar toda la noche, siempre bañados por la luz de la luna. Al día siguiente, encendemos las dos velas, colamos el contenido del recipiente y lo vertemos en una bañera llena de agua caliente; nos sumergimos en ella durante unos minutos mientras repetimos: «Luna, luna, al igual que tú creces, que crezca también mi fortuna». No secarse después para no arrastrar la magia.

Piedras de la riqueza y la abundancia

¿Quién no ha deseado alguna vez hacerse rico? No podemos asegurar que el poder de las piedras que mencionaremos a continuación llegue a tanto, pero al menos asegurarán una situación económica más desahogada. La reina indiscutible en este ámbito es el citrino, un tipo de cuarzo de color amarillo dorado que ya usaban como talismán los comerciantes de la antigüedad. La aventurina verde es otra de las piedras que más se emplean para atraer las buenas oportunidades, sin olvidar el ónice, que es de gran ayuda para fomentar la fortuna y la toma de decisiones prudentes.

Hechizo para la abundancia

Este ritual mágico conviene realizarlo el primer día del año. Necesitaremos un cristal de cuarzo rosa, un frasco de vidrio, dos pétalos de rosas rosas, una foto nuestra, cinco monedas diferentes, dos hojas de laurel, un diente de ajo y un imán.

Preparamos un altar en casa y colocamos las manos sobre él hasta sentir que la energía fluye por todo nuestro cuerpo. Cogemos el frasco y metemos dentro la foto mientras decimos nuestro nombre tres veces en voz alta. Después introducimos, en este orden, el ajo, las hojas de laurel, el imán, el cuarzo rosa, las monedas y los pétalos de rosa. Cerramos el frasco e imaginamos que de él brota una luz dorada, la luz de la abundancia. Lo agitamos tres veces y lo guardamos cerca de la cama. A la mañana siguiente, volvemos a agitarlo y así diariamente al despertar. La llamada diaria a la abundancia nos será favorable.

Las piedras del amor

Conseguir disfrutar del amor, en todas sus facetas, es una de las metas más deseadas por todos. ¿Quién puede despreciar la alegría, la pasión y el bienestar emocional que proporciona la sensación de enamoramiento, el supremo estado de placer y felicidad mental y espiritual que aporta este sentimiento? ¿Y por qué no utilizar el poder de las piedras para acercarlo hasta nosotros?

Sin duda, cuando se habla de piedras y gemas con poderes para atraer y avivar la pasión en una relación de pareja, las que ostentan el color rojo son las primeras en acudir a nuestra mente. Rubíes, granates, rodocrositas, cuarzos rojos y ágatas rojas son las primeras candidatas. Pero el amor no solo es pasión, sino también estabilidad y equilibrio emocional, y en ese ámbito, las más eficaces son las esmeraldas y la piedra de jade. Y cuando no se tiene la seguridad de que la otra persona corresponda a nuestros sentimientos, es recomendable someterse al poder de la piedra de luna o de la amatista, esta última solo si se trata de atraer a las mujeres.

CUARZO TRANSPARENTE

Una de las piedras más poderosas

Color: incoloro
Transparencia: transparente
Dureza: 7
Raya: blanca
Brillo: vítreo
Fractura: concoidea

Receptor, transmisor y amplificador

El cuarzo transparente o cristal de roca está considerado el mineral de sanación física y espiritual por excelencia, pues es capaz de absorber y almacenar la energía, y después irla liberando paulatinamente y amplificada. Pero no solo eso; además, sus vibraciones se sintonizan con los requerimientos energéticos específicos de la persona a quien va dirigida la sanación o a quien lo esté usando en beneficio propio con fines espirituales, emocionales o mentales. Es una piedra de luz y pureza que permite alcanzar rápidamente un estado elevado en la meditación; moviliza nuestra energía interior, limpia en profundidad el alma, potencia nuestras capacidades psíquicas, como la intuición, la telepatía y la clarividencia, y ayuda a conectar nuestra dimensión física con la mental. En este último plano, es un cristal que activa la memoria y muy favorable para la concentración. Solo una advertencia: no conviene emplearlo antes de ir a dormir, ya que sus propiedades activadoras pueden impedir disfrutar de un sueño reparador.

Aunque es el chakra de la corona el que se relaciona más directamente con el cuarzo transparente, esta piedra puede utilizarse para potenciar, canalizar o equilibrar la energía de cualquier otro centro del cuerpo.

Talismán protector

Otra de las cualidades del cuarzo transparente es que actúa como un vigoroso escudo protector de las malas energías que emiten otras personas o que circulan por el ambiente, alejándolas de nosotros y diluyéndolas. Al mismo tiempo, tiene la propiedad de atraer y potenciar las energías positivas. Es un talismán que también nos protege del mal de ojo y de cualquier conjuro de magia negra. Para disfrutar de estos beneficios, podemos usar el cuarzo en forma de péndulo,

pulsera, collar, colgante o cualquier otro accesorio que llevemos con nosotros. Y si se trata de dinamizar y limpiar la energía de una habitación de la casa o del espacio de trabajo, podemos colocar una geoda o, mejor aún, una esfera de cuarzo transparente.

Potente sanador físico

Un cristal con unas vibraciones tan potentes debe emplearse siempre con una intención bien enfocada y por personas que tengan experiencia en litoterapia. Como ya se ha indicado, se puede utilizar para curar cualquier dolencia. Estimula especialmente el sistema inmunitario, potencia la musculatura, acelera la cicatrización de las quemaduras, protegiendo además del riesgo de infección, y bloquea y disipa las radiaciones y la electricidad estática.

Sabías que...

El cristal de roca se utiliza habitualmente para amplificar y potenciar las propiedades de otras piedras. También para limpiarlas de las malas energías retenidas y volver a recargarlas para que continúen irradiando todos sus efectos benéficos. Para ello, basta con colocarlas cerca de una geoda o un tapete de cuarzo.

SUS PODERES

Simbología: síntesis de la vida.

Piedra zodiacal:
Aries (21 de marzo al 19 de abril), Géminis (21 de mayo al 20 de junio), Leo (23 de julio al 22 de agosto) y Capricornio (22 de diciembre al 19 de enero).

PROPIEDADES

Curativas: sana cualquier dolencia, fortalece el sistema inmunitario y nos protege del efecto dañino de las radiaciones y la electricidad estática.

Espirituales: poderoso limpiador y activador de la energía y las capacidades psíquicas.

Intelectuales: activa la memoria y mejora la concentración.

Piedra de los chakras: de la corona (sahasrara).

ÓNICE
Una piedra de fuerza

Color: blanco y negro
Transparencia: de translúcida a opaca
Dureza: 7
Raya: blanca
Brillo: vítreo
Fractura: concoidea

Conseguir los objetivos

El ónice es una piedra de fuerza, vigor y perseverancia, que nos ayuda a enfocar nuestra propia energía para lograr los propósitos que nos marquemos, tanto en el aspecto personal como en los negocios, y para salir de situaciones difíciles en las que el estrés físico o emocional nos dificultan el avance. Es una piedra que nos da apoyo para mantener la calma y afrontar responsabilidades, al tiempo que favorece la autoconfianza, nos pone en armonía con el entorno y propicia una visión más positiva de la vida. Emocionalmente, consigue aliviar los efectos negativos de la ansiedad, la presión y los miedos infundados, permitiendo de este modo que actuemos con prudencia y tomemos decisiones basadas en el análisis racional y sosegado. Además, es una piedra que favorece las relaciones personales, haciéndolas más estables y duraderas, ya que promueve en nosotros un mayor desarrollo de la autenticidad, la amabilidad y la sinceridad.

Teniendo en cuenta todas las cualidades mencionadas, se podría decir que el ónice es la piedra angular de la estabilidad y el fortalecimiento en todos los niveles de la persona. Al estar conectada con el chakra raíz, almacena una gran cantidad energía vital kundalini.

Una piedra espiritual

En el plano espiritual puede considerarse una piedra muy favorable para la meditación, pues alinea nuestra energía con la del poder superior. También resulta apropiada para sanar viejas heridas o traumas que nos afecten en el presente, ya que parece tener la propiedad de mantener el recuerdo de cosas ya vividas. Además, el ónice mejora y promueve nuestra estabilidad y seguridad personal.

A estos beneficios hay que sumar su intenso poder como cristal protector, que absorbe las energías negativas del entorno y las transforma en positivas, aumentando así nuestra vitalidad y resistencia, tanto a nivel físico como mental y espiritual.

Beneficios físicos

Cuando se trata de la sanación física, la piedra ónice resulta muy eficaz como protectora, ejerciendo su acción principalmente sobre los huesos, los dientes y las cuerdas vocales. Asimismo, mejora la circulación sanguínea, equilibra los niveles de colesterol y triglicéridos, regula el funcionamiento del hígado, los riñones y el bazo, favorece la eliminación de toxinas, tonifica la piel, las uñas y el pelo, aumenta la audición, y alivia el dolor de oídos y los trastornos relacionados con los pies. Además, es un buen complemento en el tratamiento de las alergias y en los que ayudan a combatir ciertas adicciones, como la de fumar. Dadas sus propiedades fortificantes, también previene el envejecimiento prematuro.

Sabías que...

Para beneficiarnos de las cualidades del ónice debemos llevarlo siempre en la parte izquierda de nuestro cuerpo o situarlo sobre la parte afectada cuando se trata de una sanación física. Puede igualmente usarse para la protección y la limpieza energética de un espacio determinado; en ese caso, su acción es más potente si se combina con un cristal de cuarzo transparente.

SUS PODERES

Simbología: fuerza y apoyo.

Piedra zodiacal de la suerte: Leo (23 de julio al 22 de agosto) y Capricornio (22 de diciembre al 19 de enero).

Piedra protectora: protege de las energías negativas.

PROPIEDADES

Curativas: protege diversos órganos y alivia los dolores.

Espirituales: promueve la responsabilidad y da confianza en el futuro.

Emocionales: elimina la tristeza, aleja las preocupaciones y es un buen apoyo en los momentos difíciles.

Piedra de los chakras: raíz (muladhara) y corazón (anahata).

RODOCROSITA

Piedra del amor desinteresado y de la compasión

Color: rosa, pardo, gris, amarillenta, marrón

Transparencia: de transparente a translúcida

Dureza: 3,5-4

Raya: blanca

Brillo: de vítreo a nacarado

Fractura: desigual

Dinamismo y positividad

Cada piedra emite unas vibraciones especiales que activan y estimulan una parte de nuestro ser; en el caso de la rodocrosita, estas van dirigidas directamente hacia el corazón y los sentimientos de amor y amistad. Es un cristal que atrae hacia nosotros a esos «compañeros del alma» que nos ofrecen su ayuda, su apoyo y sus consejos de forma desinteresada, que colaboran a que asimilemos hasta las emociones más dolorosas, pero sin decaer ni adoptar una actitud negacionista, para que podamos seguir avanzando en la vida. Al mismo tiempo, favorece la expresión de nuestros afectos y de los impulsos pasionales, reduciendo las inhibiciones y siempre desde una perspectiva dinámica y positiva, armonizando nuestra energía espiritual con nuestros deseos materiales.

Curación emocional y mental

La rodocrosita contribuye a que encontremos la armonía a través de la liberación de las emociones, incluso de esos sentimientos reprimidos y esos miedos irracionales que mantenemos escondidos. Sus vibraciones nos ayudan a traerlos a la superficie, a enfrentarlos sin excusas, reconociendo la verdad sobre nosotros mismos y los demás, pero desde la comprensión y la voluntad de mejora. Es una piedra que favorece la autoestima, eleva el estado de ánimo y nos aporta coraje y vitalidad. Su empleo durante la meditación ayuda a limpiar las energías.

El mismo vigor que la rodocrosita aporta a nivel psicológico y emocional se traduce también en el plano mental, ya que revitaliza la mente, mejora la asimilación de nuevas informaciones y favorece la creatividad.

Curación física

Esta piedra resulta muy beneficiosa para reforzar y purificar el sistema circulatorio, activando el riego sanguíneo y regulando la presión arterial y el pulso; también alivia el asma y otras dolencias respiratorias, elimina las toxinas del hígado y de los riñones, calma los trastornos estomacales y las migrañas, mejora algunos problemas de visión, vigoriza los órganos sexuales y fortalece el sistema nervioso. También es beneficiosa en el tratamiento de ciertos trastornos de la piel.

Sabías que...

La forma más adecuada de usar la rodocrosita es como collar o pulsera, o simplemente poniéndola sobre la muñeca o el corazón, o en la zona del plexo solar. Para aliviar las migrañas es preferible situarla en la parte alta de la columna vertebral. En caso de que deseemos energizar la casa con vibraciones positivas y amorosas, debemos colocar un cristal en la habitación en la que nos reunamos habitualmente.

SUS PODERES

Simbología: amor desinteresado y compasión.

Piedra zodiacal favorable: para varios signos, como Tauro, Cáncer, Leo, Virgo, Libra, Escorpio y Capricornio.

PROPIEDADES

Curativas: refuerza y estimula el sistema circulatorio, mejora los trastornos respiratorios y vigoriza los órganos sexuales.

Espirituales: saca a la superficie miedos e inhibiciones y ayuda a afrontarlos.

Emocionales: fortalece las relaciones personales.

Piedra de los chakras: raíz (muladhara) y plexo solar (manipura).

CUARZO ROJO
Una piedra revitalizante

Color: rojo, naranja, amarillo anaranjado
Transparencia: translúcida
Dureza: 7
Raya: blanca
Brillo: vítreo
Fractura: concoidea

Vitalidad, coraje y fuerza

Este cristal, también conocido como cuarzo hematoide, es un fortificante y dinamizador espiritual, físico y mental, que potencia todas nuestras capacidades y nos llena de vitalidad, equilibrando nuestra energía interna; por eso, su uso resulta muy recomendable tanto para personas hiperactivas como para aquellas cuyo ánimo suele estar dominado por la apatía. Además, aleja las emociones, los sentimientos y los pensamientos negativos, atrayendo un mundo de optimismo, esperanzas y sueños a nuestra vida; esto lo convierte en un cristal empleado a menudo para sanar a las personas que padezcan de depresión. También favorece la creatividad, la memoria y la capacidad de concentración, y nos brinda estabilidad y claridad mental, por lo que fomenta la ordenación de las ideas. En el plano emocional nos hace menos vulnerables, hace que entendamos mejor lo que sentimos y calma la ansiedad y los miedos, propiciando que contemplemos el futuro con optimismo.

Alegría, amor y amistad

El cuarzo rojo o hematoide es un símbolo de afecto, amistad y amor duradero, cuyas vibraciones fortalecen las relaciones, fomentan la fidelidad, la tolerancia y la paciencia, y atraen la alegría y la felicidad a nuestra vida sentimental. Resulta muy apropiado tanto para atraer nuevos vínculos como para recuperar otros que ya se habían perdido. En el ámbito de la pareja, es un cristal cuya energía aviva la pasión y el deseo, acabando con los posibles problemas que surjan en la intimidad. También favorece la fertilidad en las mujeres y ayuda a que el embarazo transcurra sin contratiempos.

Curación física

Las propiedades vigorizantes del cuarzo rojo resultan muy beneficiosas para acelerar la convalecencia de cualquier trastorno físico.

Además, mejora la circulación sanguínea, favorece la reabsorción de los hematomas y la capacidad de asimilación del hierro, por lo que suele usarse en el tratamiento de los estados anémicos; estimula el funcionamiento del hígado y del sistema renal.

Sabías que...

El cuarzo hematoide puede combinarse con varios cristales sin que se anulen sus propiedades; por ejemplo, puede asociarse con sardónice, piedra del sol, hematites, ágata, labradorita, jaspe y cornalina. Para limpiarlo de malas energías retenidas basta con sumergirlo unos minutos en agua con sal o quemar salvia blanca a su alrededor. Después habrá que recargarlo exponiéndolo durante unas horas a la luz solar. Lo más adecuado para disfrutar de sus beneficios es llevar algún accesorio que incluya esta piedra; si deseamos potenciar sus propiedades estimulantes, lo colocaremos en el dormitorio, bajo la almohada o sobre la mesilla de noche; si queremos mejorar nuestro rendimiento intelectual, el lugar apropiado para el cristal será el despacho de trabajo o el cuarto de estudio; y para aprovechar su potencial protector, lo emplazaremos en la entrada de la casa o cerca de las ventanas.

SUS PODERES

Simbología: vitalidad, coraje y fuerza.

Piedra zodiacal: Aries (21 de marzo al 19 de abril). Les proporciona alegría, vitalidad, energía, pasión y juventud; también atrae la riqueza y el éxito y es un buen cristal espiritual.

PROPIEDADES

Curativas: acelera la curación de muchos trastornos físicos, alivia los calambres, regula el metabolismo y previene las lesiones.

Espirituales: dinamiza nuestra energía y nos protege de las malas vibraciones.

Intelectuales: mejora la creatividad, la concentración y la claridad mental.

Piedra de los chakras: raíz (muladhara) y sacro (svadhisthana).

JADE VERDE
Piedra de la buena suerte

Color: de verde claro a oscuro, crema

Transparencia: de translúcida a casi opaca

Dureza: 6,5

Raya: blanca

Brillo: de mate a cerúleo

Fractura: astillosa, frágil

Suerte, amor y armonía

La asociación de la energía del jade verde con la del chakra corazón aporta múltiples beneficios en todos los planos, favoreciendo la sanación y el equilibrio entre el cuerpo, la mente y el espíritu. Es una piedra que incrementa el amor y la sinceridad, y promueve la empatía y la ternura, que nos ayuda a superar pasados desengaños para entregarnos de nuevo sin miedo ni temores. Nos proporciona una agradable sensación de felicidad y alegría de vivir. También es un cristal que atrae la amistad y la buena suerte; combinada con la alejandrita, resulta muy benefiosa para que prosperen nuestras finanzas.

Serenidad y sabiduría

El jade es un cristal protector, que salvaguarda de cualquier daño a quien lo lleva y aleja los pensamientos y los sentimientos negativos. Y también es un cristal de armonía, que equilibra la personalidad, favorece la liberación de las emociones, atenúa la impulsividad, aporta calma, serenidad y seguridad, facilita la comunicación y la apertura hacia los demás, haciéndonos más receptivos y cooperativos, y aumenta la confianza en nosotros mismos. Nos hace más honestos, tolerantes y objetivos. Es una piedra que nos anima a conocernos mejor. Espiritualmente nos conecta con el conocimiento superior y anima la aparición de sueños significativos. En el plano mental, aporta claridad y estímulo, de modo que nos podamos enfrentar a cualquier reto o negociación con ánimo positivo, sin distracciones y bien concentrados, sintiéndonos capaces de completar nuestros objetivos.

Beneficios en el plano físico

El jade ejerce una acción muy eficaz sobre la piel, preservando su elasticidad, mejorando la calidad y el brillo, y aliviando ciertas alteraciones que tienen su origen en el estrés o la ansiedad, como es el caso de algunas irritaciones. También favorece la curación en caso de problemas renales y urinarios, ayuda a la eliminación de toxinas, establece el equilibrio entre los fluidos del cuerpo y estimula la circulación sanguínea. Acelera la cicatrización de las heridas, alivia las migrañas y los mareos, reduce la sensación de nerviosismo, fomenta la fertilidad y colabora a que el parto se desarrolle adecuadamente.

Sabías que...

Para mantener el jade en buenas condiciones energéticas habrá que limpiarlo periódicamente con agua, sal, tierra o incienso; otro método que arrastra las energías negativas que hayan quedado retenidas en la piedra consiste en sumergirla durante varias horas en agua destilada a la que se haya añadido sal. Para recargarla de nuevo, basta con colocarla bajo la luz del sol y mejor si se sitúa sobre un cúmulo de cristal de roca o una geoda de amatista.

SUS PODERES

Simbología: longevidad, purificación y felicidad.

Piedra zodiacal alternativa: Cáncer (21 de junio al 22 de julio), Libra (23 de septiembre al 22 de octubre) y Piscis (19 de febrero al 20 de marzo).

PROPIEDADES

Curativas: tiene efectos muy positivos sobre la piel y actúa eficazmente como filtradora y eliminadora de toxinas.

Espirituales: es una piedra de sabiduría, que nos aporta un mejor conocimiento de nosotros mismos y pone en valor nuestras cualidades.

Intelectuales: aporta claridad de mente.

Piedra de los chakras: corazón (anahata).

PIRITA
Símbolo de prosperidad

Color: amarillo latón claro

Transparencia: opaca

Dureza: 6-6,5

Raya: de negra verdosa a negra parduzca

Brillo: metálico

Fractura: concoidea

Riqueza y éxito

Si hay una propiedad que ha hecho especialmente famosa a esta piedra es su capacidad para atraer la riqueza, protegerla y garantizar unas finanzas equilibradas y en continuo crecimiento. La pirita posee una potente energía que ayuda a captar nuevas oportunidades laborales y negocios ventajosos, así como a planificar innovadoras estrategias comerciales, contribuyendo con ello a aumentar nuestro éxito personal.

Todos esos beneficios son posibles porque la piedra estimula y desarrolla muchas de nuestras cualidades potenciales: favorece la creatividad y la capacidad de análisis, activa la mente permitiendo un continuo flujo de ideas, mejora la memoria y la concentración, y equilibra el instinto con la intuición. Además, aumenta nuestro talento para la organización, nos empuja hacia una mayor ambición en las metas que establecemos, aleja el miedo al fracaso y nos hace más productivos. Fomenta la autoestima y la confianza en nosotros mismos, elimina la ansiedad y la frustración, y nos ayuda a superar limitaciones autoimpuestas. En resumen, es una magnífica aliada para alcanzar nuestro máximo potencial y lograr el éxito.

Escudo protector

Las vibraciones de la pirita son altamente protectoras contra las energías, los sentimientos y los pensamientos negativos. Actúan como un escudo que bloquea todo lo perjudicial y lo desvía y aleja de nosotros. La envidia, la ira, el mal de ojo o cualquier conjuro de magia negra no podrá alcanzarnos; su muro protector solo permitirá el paso de la positividad, el optimismo y la alegría. Emocionalmente no permitirá que se asiente en nosotros la melancolía o la depresión, y nos ayudará a superar momentos difíciles, como la pérdida de un ser querido. En definitiva, hará que crezca en nosotros una sensación de bienestar y serenidad.

Simbología: prosperidad y protección.

Piedra zodiacal favorable: Aries, Libra, Sagitario, Acuario y Piscis.

Piedra de prosperidad: la pirita favorece la riqueza económica, la vitalidad física y el desarrollo de nuestro mejor potencial.

PROPIEDADES

Curativas: es revitalizante y tiene numerosos beneficios para el sistema circulatorio y los aparatos respiratorio y digestivo.

Espirituales: actúa como un poderoso escudo protector contra las energías negativas.

Intelectuales: estimula y mejora las capacidades intelectuales, la concentración, la creatividad y la memoria.

Revitalizante físico

En el plano físico, la energía de la pirita actúa como un excelente revitalizante, que acaba con los estados de fatiga y acelera la recuperación de cualquier tipo de enfermedad. Favorece y mejora la circulación de la sangre, aumentando el abastecimiento de oxígeno; alivia numerosos trastornos respiratorios, como el asma y la bronquitis; procura una mejor oxigenación de los pulmones, y regula el aparato digestivo, eliminando problemas como la acidez de estómago o el estreñimiento. Previene los dolores de cabeza, atenúa las molestias cutáneas y equilibra la temperatura corporal. Su efecto protector refuerza el sistema inmunitario para librarnos de las infecciones.

Sabías que...

Para disfrutar de forma continuada de los beneficios de la pirita, lo mejor es llevar con nosotros algún cristal dentro de una bolsita. En los casos de fatiga o excesivo cansancio, conviene situar el cristal en el dormitorio, ya sea bajo la almohada o sobre la mesilla de noche, para que nos revitalice durante el sueño. Y para que actúe como un talismán de éxito y riqueza, se puede colocar el cristal en el lugar de trabajo.

Piedra de los chakras: los siete chakras.

ATRAER LO POSITIVO, ALEJAR LO NEGATIVO

Vivimos rodeados de energía, tanto positiva como negativa, que fluye entre las personas y de un ambiente a otro, que absorbemos y desprendemos. Todas ellas afectan a nuestro estado de ánimo, aunque a veces no seamos conscientes de ello.

Para mejorar esas situaciones podemos conjurar el poder de algunas piedras con propiedades mágicas para atraer sentimientos positivos, como la felicidad, la armonía, la paz y la tranquilidad, pero no solo a nivel amoroso, sino en todos los aspectos de la vida, como en el ámbito profesional, en las relaciones sociales y familiares o en el logro de la propia autoestima. Este tipo de piedras transmiten vibraciones que ayudan a equilibrar nuestras emociones, rejuvenecer el cuerpo y la mente al conseguir un estado general placentero, y alejan energías negativas, como el estrés, la ira, el resentimiento o la envidia, que bloquean el chakra del corazón.

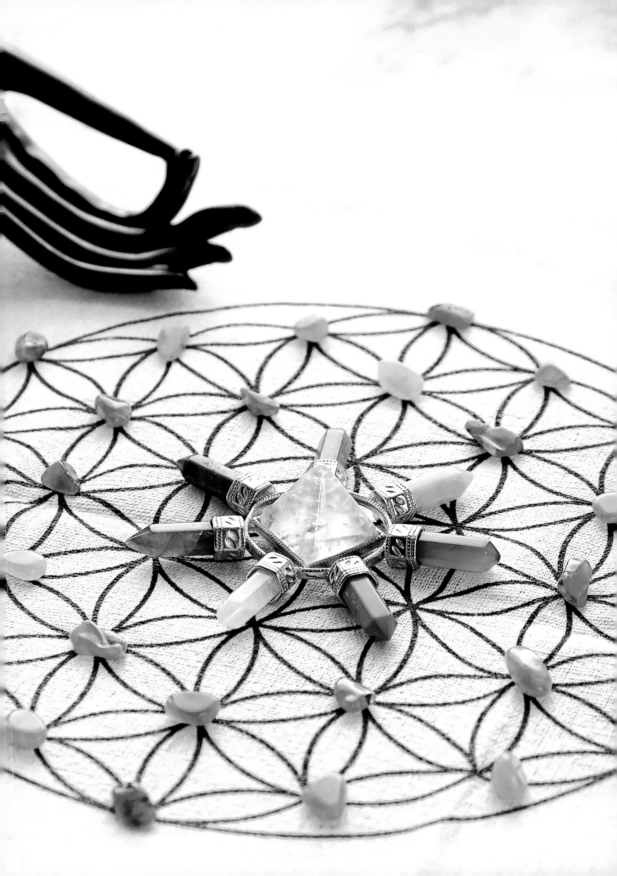

En ocasiones nos sentimos desanimados, carentes de fuerza, como si estuviéramos enfermos, o nos asaltan pensamientos negativos. La mejor forma de combatir esas malas sensaciones es rodearnos de personas que transmitan buenas vibraciones y utilizar el poder que tienen algunas piedras para bloquear esas energías negativas que afectan a nuestros chakras y entorpecen el fluir natural de nuestra propia energía interior.

Además, muchas de estas piedras no solo tienen ese poder bloqueante de «lo malo», sino que también son capaces de atraer todo lo positivo que nos rodea.

A continuación, mencionaremos algunas de las piedras más poderosas para lograr eficazmente la felicidad y la paz interior, así como un sencillo ritual que podemos realizar en nuestra casa.

Piedras para la felicidad

Sentirse bien y en paz, a gusto con nosotros mismos y rodeados de sensaciones positivas, es una meta deseada por todas las personas. Pero esa búsqueda es difícil y en ella las piedras y los cristales pueden resultarnos de gran ayuda. Cuando se trata de fomentar la alegría, las más eficaces son las perlas y el jaspe rojo; si se trata de despertar y fomentar el sentimiento de felicidad, conviene emplear el cuarzo rosa o la aventurina; y si el objetivo es lograr la paz interior y el equilibrio emocional, los mejores resultados los obtendremos con la piedra de luna, el cuarzo blanco y la turmalina negra. Por último, si lo que buscamos es disipar los miedos y luchar contra los pensamientos negativos, la labradorita es una de las piedras que dirigen su poder más eficazmente en esa dirección.

Ritual para sentirnos bien

Trabajar nuestras emociones para sentirnos felices y alegres, contentos con nosotros mismos, es el propósito de este sencillo ritual con piedras; en este caso, con un cristal de cuarzo rosa.

Prepararemos un baño relajante, encenderemos una vela blanca y sobre un quemador con carbón, verteremos una mezcla de jazmín, salvia, artemisa, hibisco, trébol rojo e incienso; el humo ayudará a purificar el ambiente. Nos sumergimos en el agua con el cuarzo rosa en la mano, cerramos los ojos y dejamos que la energía de la piedra vaya fluyendo por todo nuestro cuerpo mientras repetimos como un mantra: «Me cuido, me amo y vibro alto; vibro en la frecuencia del amor». Damos por terminado el ritual cuando sintamos que nuestro cuerpo y nuestra mente se han llenado con esa vibración positiva.

Piedras para calmar la ansiedad y el estrés

En la vida hay situaciones que nos generan estados de estrés y ansiedad que resultan muy perjudiciales para nuestra salud. Cuando no logramos superarlos y conseguir el equilibrio interior, una buena alternativa puede ser recurrir a la energía de determinadas piedras. Las más eficaces para combatir la ansiedad son el cuarzo rosa y el cuarzo citrino; para reducir la angustia y la sensación de agobio es preferible emplear el cuarzo blanco y la cornalina; y si se trata de calmar el estrés y la tensión, los efectos más potentes se logran con la amatista y el ágata azul.

En los estados anímicos más graves, cuando ya nos hallamos inmersos en la tristeza, la melancolía o, incluso, en la depresión, el coral rojo y el jaspe serán buenos aliados, además de los ya mencionados cristales de cuarzo rosa y blanco, y la amatista.

Ritual para un nuevo comienzo

Comenzaremos haciendo un atado de salvia y quemándolo para que su humo purifique toda la casa, ya que esta planta tiene el poder de limpiar de las malas energías a las personas y los objetos. Después escogeremos una habitación tranquila y montaremos un pequeño altar en el que colocaremos uno o varios cristales de citrino, que atraerán la abundancia y el éxito a la nueva etapa que deseamos iniciar.

En un quemador prenderemos resina ritual (mezcla de resina de incienso, mirra y benjuí), que reforzará nuestro propósito, y encenderemos una vela blanca para ayudarnos a equilibrar la energía. Cuando nos sintamos relajados, escribiremos nuestro propósito, pero como si ya se hubiera cumplido; por ejemplo: «He conocido al amor de mi vida» o «Estoy viviendo mi momento soñado». Para terminar, enrollamos el papel, lo metemos en un tarro de cristal, lo tapamos con un corcho y derramamos sobre él unas gotas de cera de la vela blanca para sellarlo.

Piedras protectoras de malas energías

Son muchas las piedras y los cristales que se emplean para este fin, actuando como filtros que bloquean las energías negativas y solo permiten que lleguen hasta nosotros las vibraciones positivas. Una de las más utilizadas es el ámbar, aunque quizá la más poderosa sea el cuarzo transparente. Pero hay otras piedras protectoras igual de eficaces, como el circón, el jade, el cuarzo azul, el lapislázuli, la aguamarina y el cuarzo negro, que forma una especie de escudo energético protector que bloquea toda la negatividad que intente penetrar en nuestro hogar.

LABRADORITA
Una de las piedras más protectoras

Color: varios e iridiscentes

Transparencia: de transparente a translúcida

Dureza: 6

Raya: blanca

Brillo: de vítreo a perlado

Fractura: de concoidea a desigual

Bella y poderosa

Sus maravillosos colores iridiscentes, que van desde el azul hasta el blanco, pasando por el verde, el rojo, el naranja o el amarillo, la convierten en una de las piedras más hermosas que existen, pero también en uno de los mejores talismanes para atraer la buena suerte. Cuando buscamos conseguir el éxito, tanto en el terreno profesional como en el ámbito más personal, perseguimos la riqueza o queremos alejar las malas energías y la negatividad, hay pocas gemas que ostenten poderes más eficaces que la labradorita.

Piedra energética de sanación

Las propiedades energéticas de la labradorita la convierten en un potente elemento de sanación, tanto para el cuerpo como para la mente y el espíritu, ya que ejerce una poderosa acción que atrae las energías positivas y, con ellas, la alegría y el bienestar.

A nivel corporal, mejora los problemas relacionados con el aparato digestivo y el respiratorio, especialmente los referentes a los pulmones; alivia los desórdenes oculares y también actúa como reguladora del metabolismo; además, reduce los síntomas y los dolores premenstruales y disminuye la presión arterial.

En el plano de la mente, potencia la imaginación, la claridad de pensamiento y el razonamiento crítico, fomentando la seguridad en uno mismo y la calma; además, elimina los sentimientos de ira y de miedo.

Por último, a nivel espiritual, ayuda a conectar con la energía universal, potenciando las habilidades psíquicas y favoreciendo la conexión con nuestras vidas pasadas, algo que a veces es necesario para superar antiguos traumas y evolucionar. Además, desarrolla la creatividad y la intuición, despierta la autoconciencia y protege el aura, haciendo que la energía natural del organismo fluya con mayor facilidad hacia el exterior.

Portadora de luz

La labradorita prepara el cuerpo y la mente para avanzar diariamente, es una piedra de luz que aporta serenidad y que protege en especial a las personas bondadosas, con una gran carga de vibraciones elevadas. Si la colocamos sobre el chakra de la corona, propicia una mejor conexión con nuestro yo interior. Situada en el chakra del tercer ojo, facilita la intuición y la inspiración, y ayuda a entender la propia realidad. Sobre el chakra del corazón atrae la armonía, la amistad y el amor, ayudando a superar los problemas que puedan surgir en esos ámbitos. Y sosteniéndola simplemente en la mano, ayuda y favorece la meditación, logrando alcanzar estados profundos muy beneficiosos.

Sabías que...

La labradorita es una de las piedras más populares en la radiónica, donde se usa como testigo para encontrar el origen de un mal. La radiónica es un tipo de medicina alternativa que asegura que es posible el diagnóstico y el tratamiento de las enfermedades con un tipo de energía similar a la de las ondas de radio.

SUS PODERES

Simbología: concentración y energía.

Piedra zodiacal energética: Acuario (21 de enero al 19 de febrero). Les aporta sinceridad, pureza y calma.

Piedra energética: piedra de transformación con gran poder para atraer las energías positivas y proteger el aura.

PROPIEDADES

Curativas: para tratar resfriados, ataques de gota y reúma.

Espirituales: estimula la intuición y favorece el misticismo y la contemplación.

Intelectuales: equilibra la sabiduría intelectual y la intuitiva.

Piedra de los chakras: del tercer ojo (ajna), de la corona (sahasrara) y del corazón (anahata).

CUARZO NEGRO
Escudo protector contra las malas energías

Color: negro
Transparencia: translúcida
Dureza: 7
Raya: blanca
Brillo: vítreo
Fractura: concoidea

Conectada con la madre Tierra

La poderosa conexión de esta piedra con la energía de la Tierra ayuda a una mejor conexión entre nuestro cuerpo y nuestra mente, y con ello, una notable mejora del equilibrio mental, emocional y físico. Además, fortalece la espiritualidad y la intución, el valor, la estabilidad y la seguridad, despertando nuestra claridad mental y ayudándonos a tomar decisiones en el ámbito personal y profesional, y a generar nuevas ideas que aporten soluciones rápidas a problemas que antes considerábamos insolubles.

Poderosa protección energética

Esta es una de las propiedades mágicas más apreciadas del cuarzo negro, que tradicionalmente se ha mostrado como una piedra muy eficaz para alejar las malas energías del entorno, aumentar la resistencia frente a los ambientes y las personas tóxicas, así como para desviar los pensamientos negativos. Todas estas cualidades protectoras favorecen nuestro desarrollo personal y profesional, aumenta nuestra fortaleza proporcionándonos seguridad. También absorbe el exceso de radiaciones electromagnéticas que, a la larga, perjudican nuestra salud, y desbloquea el poder del chakra del tercer ojo.

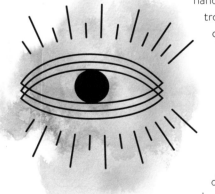

Para que desarrolle sus poderes protectores conviene colocarla en un lugar destacado del hogar, por ejemplo, cerca de la cama para así disfrutar de un sueño tranquilo, o llevarla cerca de la piel en forma de anillos, collares o amuletos, que resultan muy hermosos debido al espectacular brillo de esta piedra. Además, el cuarzo negro es muy resistente al desgaste, aunque si en algún momento llega a romperse, es mejor que lo desechemos porque la rotura es una prueba evidente de que ya ha absorbido demasiada energía negativa, que ha neutralizado sus poderes.

La piedra de la felicidad y la buena suerte

La tranquilidad emocional y la estabilidad general que aporta el cuarzo negro son fuerzas beneficiosas que actúan como imanes de la felicidad. Las personas protegidas por esta piedra disfrutarán más de la vida, su entorno será más armonioso y la buena suerte les sonreirá en todas sus actividades; incluso las finanzas y la prosperidad económica se verán favorecidas.

El ambiente tan favorable que se crea en torno a la persona y el estado de ánimo tan positivo que genera, ayuda a luchar contra el estrés y la ansiedad, por lo que resulta muy aconsejable llevarla encima cuando vamos a acudir a alguna reunión decisiva de trabajo o a enfrentarnos a un examen o una prueba en la que se evalúen nuestras capacidades.

Sabías que...

Desde hace cientos de años, los curanderos y chamanes de todo el mundo usan esta piedra para proteger del mal de ojo y los pensamientos negativos. Es un amuleto protector muy eficaz para todos, pero especialmente para niños y bebés.

SUS PODERES

Simbología: seguridad, autoridad y valor.

Piedra zodiacal energética: Leo (23 de julio al 22 de agosto). Les ayuda a concentrarse en sus objetivos.

Piedra energética: absorbe las energías negativas y las transforma en positivas, limpiando así el ambiente y el organismo.

PROPIEDADES

Curativas: combate los dolores menstruales y el insomnio y calma cualquier malestar relacionado con el aparato digestivo.

Espirituales: crecimiento personal, ayuda a la meditación, despierta la intuición.

Intelectuales: aporta claridad mental.

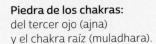

Piedra de los chakras: del tercer ojo (ajna) y el chakra raíz (muladhara).

AVENTURINA

Piedra de bienestar y prosperidad

Color: varios, el más común es el verde

Transparencia: translúcida

Dureza: 7

Raya: blanca

Brillo: vítreo

Fractura: concoidea

Energía muy positiva

Aunque son muchos los colores en que se puede encontrar esta piedra, la de color verde, con sus característicos reflejos en forma de puntos brillantes (efecto aventurinado), es la que posee mayores propiedades. La energía que emite es muy positiva y poderosa, siendo capaz de aumentar considerablemente los niveles de felicidad y alegría, por lo que se ha convertido en una piedra muy popular. Esa alegría se transforma en optimismo y seguridad en nosotros mismos, favoreciendo la madurez y el crecimiento personal, haciendo que nos ganemos el respeto de los demás y que manejemos la vida de una manera exitosa. Por lo tanto, es una gema que refuerza la capacidad de liderazgo.

La energía positiva que desprende reduce el nerviosismo y diluye sentimientos tan negativos y perjudiciales como el egoísmo, la ira y la agresividad. Despierta la empatía y la compasión.

Pero esa alegría y felicidad de la que hablamos no solo se refleja en las relaciones con los demás, sino que también se transmite a nuestro interior, proporcionando a la vez paz y tranquilidad. Es un cristal de meditación que conviene tener cerca en esos momentos de introspección, pues favorece la estabilidad y la calma emocional y aporta un perfecto equilibrio entre cuerpo y mente. Colocado sobre el chakra corazón, ayuda a protegerlo y a mantenerlo abierto para que fluya su energía, que conecta los chakras inferiores con los superiores. También desarrolla las capacidades psíquicas, ya que potencia la reflexión.

Sus propiedades de sanación

A nivel mental, la aventurina es una piedra que incrementa la concentración y la claridad de mente, la sabiduría y el buen juicio, alejando cualquier tipo de distracción; estimula la percepción y potencia la creatividad, por eso resulta muy aconsejable distribuir varias de estas piedras por la habitación de estudio y la de trabajo.

El efecto armonizador, sanador y renovador de la aventurina en el plano psíquico y mental se manifiesta también positivamente en el plano físico. Su energía tiene poder antiinflamatorio, alivia las dolencias de la piel y de los ojos, los dolores articulares y musculares, las migrañas y el insomnio. Sirve para tratar los problemas del sistema respiratorio, estimula el metabolismo, regula la presión arterial, calma la fiebre y reduce la hiperactividad. Además, si llevamos encima alguna joya o un amuleto de aventurina, nos estaremos protegiendo de la contaminación ambiental y de las radiaciones electromágneticas que emiten los ordenadores y los teléfonos móviles.

Sabías que...

Desde hace miles de años, diversas culturas han empleado la aventurina como amuleto para atraer la abundancia y la riqueza. Incluso durante la llamada «fiebre del oro» en Canadá y Estados Unidos, los mineros llevaban talismanes de esta piedra para conseguir el éxito en su búsqueda del preciado metal dorado.

SUS PODERES

Simbología: felicidad, abundancia y riqueza.

Piedra zodiacal energética (de color verde): Tauro (20 de abril al 20 de mayo). Les proporciona fertilidad, esperanza, salud y prosperidad financiera.

PROPIEDADES

Curativas: propiedades antiinflamatorias y analgésicas, muy útil contra la fiebre y ante problemas oculares y de piel.

Espirituales: sensación de bienestar y alegría, equilibrio, calma y paz interior.

Intelectuales: potencia la concentración, el estudio y el espíritu creativo.

Piedra de los chakras: del corazón (anahata).

APOFILITA
Aleja los pensamientos negativos

Color: incoloro, amarillo, rosa, verde

Transparencia: de transparente a translúcida

Dureza: 4,5-5

Raya: incolora

Brillo: vítreo

Fractura: desigual, frágil

La «llave» entre dos mundos

Este cristal es una verdadera rareza, no solo por su escasez en la naturaleza, sino también por sus propiedades, ya que posee una magia especialmente energética, comportándose como una inmejorable conductora y transmisora de energías. Esta piedra establece con facilidad una conexión consciente entre el mundo espiritual y el físico, representando una auténtica llave de comunicación entre ambos. Y esa especial energía también alcanza a los viajes astrales fuera del cuerpo, durante los cuales mantiene un poderoso vínculo de transmisión e información entre los dos universos. Es una piedra que favorece la meditación y la introspección, potencia la clarividencia, abre la percepción y estimula la intuición, ayudando a que alcancemos un estado más profundo de relajación y receptividad.

Ejerce un profundo efecto calmante sobre la mente, lo que aleja el estrés y ayuda a mejorar la capacidad analítica y la toma de decisiones. También libera los pensamientos y las emociones negativas que tengamos reprimidas, ahuyentando miedos, preocupaciones y aprensiones que solo limitan nuestro desarrollo.

Sanadora del cuerpo

En el plano puramente físico, la apofilita favorece el buen funcionamiento del sistema respiratorio; en las crisis asmáticas conviene situarla sobre el pecho para notar una pronta mejoría. También ayuda en los trastornos alérgicos, los problemas oculares y en los de piel. Resulta una magnífica aliada en la curación reiki, ya que su calidad como transmisora permite que la energía del sanador y la nuestra conecten mejor.

Cómo usar la apofilita

Los mejores efectos se logran con las pirámides hechas de este cristal, pues sus poderes energizantes se potencian cuando las miramos desde la base hacia el vértice superior. Aunque su acción liberadora se ejerce en particular sobre el chakra de la corona, también puede actuar sobre el del tercer ojo, potenciando la visión espiritual, y sobre el del corazón, llevándole luz y energía. Para este último propósito, la apofilita más adecuada es la de color verde, que conduce las energías positivas y ayuda a lograr la paz mental y la felicidad. La incolora es más apropiada para la meditación profunda y la adivinación; la rosada, para luchar contra el miedo, la ansiedad y la ira; y la amarillenta, para traer alegría y calma a todos los ámbitos de nuestra vida.

Sabías que...

La apofilita es una piedra «de verdad», es decir, nos muestra nuestro propio yo para que analicemos la conducta que mantenemos y, si es preciso, corrijamos los desequilibrios y los fallos. Nos aleja de la vanidad y ayuda a que nos aceptamos tal como somos. Todo esto proporciona una gran sensación de bienestar que se extiende tanto al plano físico como al espiritual y al mental.

SUS PODERES

Simbología: conductora de energías.

Piedra zodiacal favorable: Géminis, Virgo y Libra. Los ayuda a desarrollar sus humanidad.

Piedra de energías: permite una perfecta conexión entre el cuerpo y la mente.

PROPIEDADES

Curativas: problemas respiratorios, de origen alérgico, oculares y de la piel.

Espirituales: favorece la meditación, la introspección, la clarividencia y la introspección.

Intelectuales: calma la mente, mejora la capacidad analítica y la toma de decisiones.

Piedra de los chakras: de la corona (sahasrara)..

ALEJANDRITA
La piedra de la buena fortuna

Color: azul, verde amarillento

Transparencia: de transparente a translúcida

Dureza: 8,5

Raya: incolora

Brillo: vítreo

Fractura: de desigual a concoidea

Un cristal de contrastes

Lo primero que sorprende de esta piedra es su capacidad para ir variando de color dependiendo de la iluminación; así, se muestra azul o verde de día, roja o rosa con luz artificial y gris transparente bajo una luz de neón. Ese poder para ir pasando de una tonalidad a otra en una transición armoniosa también se refleja en sus propiedades, que aúnan y equilibran nuestros planos emocional, mental y espiritual. Ese equilibrio favorece la intuición y la apertura mental, y potencia la fuerza de voluntad y el magnetismo personal. Es un cristal de limpieza y purificación del alma, que potencia la capacidad de visualización y los sueños premonitorios; posee un gran poder regenerador que ayuda a aceptar los cambios y favorece la autoestima, la confianza y el respeto hacia nosotros mismos y hacia los demás. Despierta las habilidades mentales y expande la creatividad, al tiempo que equilibra y suaviza las emociones.

Alegría, fortuna y suerte

La alejandrita fomenta la compasión, la generosidad y la justicia, aporta alegría y nos anima a descubrir la belleza interior y la exterior, promoviendo un estado de bienestar general que hace nuestra vida más placentera. Eleva y atrae el amor, y fortalece a la pareja, aunque en sus colores cambiantes algunos ven también un paralelismo entre el amor y los celos. Favorece la ayuda desinteresada y el perdón, así como la fuerza y el optimismo necesarios para superar las dificultades y recuperarnos tras los fracasos. Es una piedra preciosa que nos ayuda a madurar emocionalmente y a procesar de manera correcta los sentimientos, que atrae la suerte, la prosperidad y la longevidad.

Propiedades curativas

En el plano físico, la alejandrita aporta muchos beneficios. Fortalece y mejora el funcionamiento del corazón y del sistema nervioso, al tiempo que regenera sus tejidos; equilibra el bazo y el páncreas, desintoxica el hígado y favorece la eliminación del colesterol, potencia los órganos del aparato reproductor masculino y alivia el dolor y la tensión muscular. También ayuda en diversos tratamientos terapéuticos, como en los relacionados con la mala absorción de nutrientes o en los tratamientos de la leucemia, aliviando algunos de los efectos secundarios. Además, reduce el estrés y promueve la fuerza vital.

SUS PODERES

Simbología: justicia, fuerza y poder.

Piedra zodiacal: protectora para Géminis; de la suerte para Aries, Tauro, Leo y Escorpio.

PROPIEDADES

Curativas: mejora el funcionamiento del corazón y del sistema nervioso, desintoxica el hígado y ayuda en diversos tratamientos terapéuticos.

Espirituales: es una piedra de fuerza y poder personal, que ayuda a la limpieza espiritual y la maduración emocional.

Intelectuales: despierta las habilidades mentales y aumenta la creatividad.

Sabías que...

Si queremos asegurarnos un entorno armonioso, lleno de energía positiva y tocado por la varita de la suerte y la abundancia, lo mejor es colocar un cristal de alejandrita en el lugar de trabajo o en el centro del hogar. De vez en cuando, conviene limpiarlo con agua corriente y secarlo con un paño suave para eliminar las energías estancadas; después habrá que volver a recargar la piedra dejándola bajo la luz del sol, esparciendo a su alrededor vapores de incienso o situándola en presencia de cristales de carga.

Piedra de los chakras: del corazón (anahata).

ÍNDICE